Klaus Feldmann
ANSICHTSSACHE

Klaus Feldmann

ANSICHTSSACHE

Kommentare zu Nachrichten aus der Jetztzeit

Novitäten & Raritäten

NoRA

ISBN 978-3-86557-316-2

© NORA Verlagsgemeinschaft Dyck & Westerheide (2013)
Pettenkoferstraße 16 - 18   D-10247 Berlin
Fon: +49 30 20454990 Fax: +49 30 20454991
E-mail: kontakt@nora-verlag.de
Web: www.nora-verlag.de
Alle Rechte vorbehalten
Druck und Bindung: SDL – Digitaler Buchdruck, Berlin
Printed in Germany

Inhalt

Vorwort

Gelegentlich werde ich um meine Meinung gebeten. Wenn es um jene Medien geht, in denen ich mich bewandert fühle, Rundfunk und Fernsehen, gebe ich sie nicht gern unkontrolliert in die Hände anderer. Ich weiß, was ein guter Schnitt ausmacht.

Verweigern will ich mich auch nicht immer.

Das Zeitgeschehen fordert eine eigene Meinung heraus. Manchmal finde ich meine Ansichten in der Meinung anderer wieder. Wie reflektiere ich Nachrichten, Politik, Medien oder Dinge des Alltags? Bin ich ein Pessimist, der gelegentliche schwierige Zeiten dazu nutzt zu behaupten, dass es schlimmer als jetzt nicht kommen könne? Nein, ich bin ein Optimist und sage: oh doch, oh doch!

Als Journalist habe ich mit Genugtuung in der größten deutschen Boulevardzeitung, Kernaufgaben einer freien Presse wiederentdeckt, wie sie der Tübinger Medienprofessor Bernhard Pörksen formulierte. Es sei notwendig, heißt es, dass Journalisten immer wieder Verfehlungen skandalisieren. Das begründete Miesmachen, die Erzeugung von Vertrauen durch permanent artikuliertes Misstrauen gegenüber den Einflussreichen und Mächtigen, gehöre zu den verfassungsrechtlich geschützten Kernaufgaben einer freien Presse. Diese Freiheit nehme ich mir.

Viele der von mir aufgegriffenen Meldungen und Berichte haben keinen aktuellen Bezug mehr, bedürfen vielleicht sogar beim Leser einer längeren Zeit der Erinnerung. Möglicherweise ist eine Revision erfolgt und Schlechtes hat sich zum Guten gewandelt.

Zu lesen sind meine Gedanken wie zu dem Zeitpunkt, als das Ereignis öffentlich wurde. Es ist gewissermaßen der zweite Teil der Antwort, auf die mir sehr oft gestellte Frage: »Was haben Sie sich bei den Nachrichten gedacht?«

Affenschande

Forscher der Universität Michigan haben herausgefunden, dass Menschenaffen für ein größeres Stück Land ihre Nachbarn töten.

Folgt man der Darwinschen Abstammungslehre, sind wir Menschen gewissermaßen erblich belastet. Beweise der Vergangenheit sind zwei Weltkriege, bei denen es immer um Landeroberung ging. Heute wollen Herrscher kein Land mehr, mag es noch so viele begehrte Bodenschätze enthalten, sie wollen Freiheit und Menschenrechte. Notfalls durch Bombenrecht. Manchmal lässt es sich nicht vermeiden, dass aus Gründen der Bündnispflicht Bürger des eigenen Landes in fremdes Land einmarschieren, manchmal können sie nicht mehr ausmarschieren, aber das muss uns die Freiheit schon wert sein. Er sei nicht umsonst gefallen, das müsse den Hinterbliebenen nahegebracht werden, hörte ich einen ehemaligen Verteidigungsminister im Fernsehen sagen. Erst fließen Tränen, später das Öl.

Wesentlich friedlicher geht es zu, wenn invasionslos, nur durch Bejahung eines Überfalls, der Freiheit auf die Beine geholfen wird. Da bleibt wenigstens das Gefühl, nicht direkt beteiligt zu sein. Das kennen wir doch aus Goethes »Faust«:

> »Nichts Bessers weiß ich mir an Sonn- und Feiertagen
> als ein Gespräch von Krieg und Kriegsgeschrei,
> wenn hinten, weit in der Türkei,
> die Völker aufeinanderschlagen.
> Man steht am Fenster, trinkt sein Gläschen aus
> und sieht den Fluss hinab die bunten Schiffe gleiten;
> Dann kehrt man abends froh nach Haus,
> und segnet Fried und Friedenszeiten.«

»Herr Nachbar, ja! So lass ich's auch geschehn:
Sie mögen sich die Köpfe spalten,
mag alles durcheinander gehn;
doch nur zu Hause bleibt's beim alten!«

Die heutigen Weltverbesserer unterscheiden sich von Goethes Spießbürgern durch weniger Passivität. Sie stehen nicht einfach am Fenster der Weltgeschichte, sondern werden aktiv und schicken die Werkzeuge zum Köpfespalten. Einst war es nur das deutsche, heute ist es das NATO-Wesen, an dem die Welt genesen soll.

Trotz Finanzkrise und maroder Staaten, die weltweiten Rüstungsausgaben schnellen auf Rekordhöhen. Im Jahre 2009 wurden weltweit 1,2 Billionen Euro für Waffen ausgegeben. Fast die Hälfte weniger war es 2 000.

Ich bemühe die Archive zu einigen kriegerischen Auseinandersetzungen in neuerer Zeit. Die Arbeitsgemeinschaft Friedensforschung listet 46 kriegerische Konflikte für das Jahr 2001 auf.

Darunter sind der sogenannte Anti-Terror-Krieg in Afghanistan, der Palästinakonflikt, der Kosovokonflikt, der Kaschmirkrieg in Indien, der Tschetschenien-Krieg. Die meisten dieser Auseinandersetzungen sind bis heute (2011) noch nicht beigelegt. Wie an Libyen zu sehen, werden neue Konfliktherde gesucht und selbstverständlich auch gefunden.

Zu den »friedensstiftenden« Maßnahmen der Bundesrepublik Deutschland zählten, lt. Rüstungsexportbericht der Bundesregierung für 2007, die Lieferung von 100 Leopard-Panzern an die Türkei. In Nachrichten wurde doch aber von Auseinandersetzungen mit und der Unterdrückung von Kurden berichtet. Für einen EU-Beitritt der Türkei ist das ein großes Hindernis – für Waffenlieferungen nicht.

Ich stelle mir mal Folgendes vor:

Bei der Nacht- und Nebelaktion zur Liquidierung Bin Ladens in Pakistan werden die US-Militärs erwischt und angegriffen. Vielleicht nicht gerade von Torpedos, aber von Luft-Luft-Raketen, deren Lieferung die BRD-Regierung 2007 für Pakistan genehmigt hatte. Amerikanische Soldaten getötet von Qualitätsprodukten des Bündnispartners.

Nicht zu übersehen ist, dass Staaten, einstmals mit Dollars und Waffen überschüttet, plötzlich zu Schurkenstaaten gewandelt wurden. Nun werden möglicherweise amerikanische GI von Waffen Made in USA getötet. Könnte das mit Made in Germany auch deutschen Soldaten passieren?

Aus Washington kam die Nachricht, dass die USA im großen Stil Saudi-Arabien aufrüsten. In den nächsten zehn Jahren will Insolvenzverwalter Obama z.B. Kampfflugzeuge des Typs F-15 im Wert von 30 Milliarden Dollar an die Saudis liefern. Deutsche Panzer sollen dazukommen. Wer rüstet denn nun Israel auf? Die Ausrüstung des saudischen Rivalen mit modernen Waffensystemen stößt in Israel auf große Kritik. Stört das jemanden? Schon in den Jahren 2006 - 2009 genehmigte die Bundesregierung Waffenlieferungen nach Libyen für 380 Millionen Euro, Bahrein 184 Millionen. Saudi-Arabien war mit 441 Millionen Euro dabei und die Emirate erhielten Rüstungsgüter im Wert von 846 Millionen Euro. Israel bekam auch was. Wie viel ist geheim? Es soll in die Milliarden gehen.

Aus den Zeiten des kalten Krieges ist der Begriff Rüstungsspirale geläufig – rüstet der eine auf, zieht der andere nach usw., usw. Es scheint, als sei keine Regierung an der Beendigung des Nah-Ost-Konfliktes interessiert. Kehrt endgültig Frieden in der Region ein, fällt das Waffenabsatzgebiet weg, werden möglicherweise Parteispenden der Rüstungsindustrie geringer oder völlig ausfallen.

Wenn der Mensch zwar vom Affen abstammt sich aber von ihm durch bewusstes Denken unterscheidet, wann sitzen in den Regierungen der Welt wieder Menschen?

ALTERSERSCHEINUNGEN

Ich bin Jahrgang 1936. Daran ist zu ersehen, dass ich in meinem Leben drei politische Systeme kennengelernt habe, die alle vorgaben bzw. vorgeben, mein Bestes zu wollen. Auch meinen Großeltern und Eltern prophezeiten die jeweils Herrschenden ein besseres Leben und dass es vor allem ihren Kindern einmal besser gehen solle. Nun habe ich diese Erbschaft des besseren Lebens inzwischen meinen Kindern und Enkelkindern hinterlassen. Auch ihnen wird ständig klar gemacht, dass sie dafür sorgen müssen, dass es den ihnen nachfolgenden Generationen besser gehen soll und sie deshalb mit dem ihnen Anvertrautem sorgfältig umgehen müssten, denn sie hätten alles nur geliehen und man dürfe die nachfolgenden Generationen nicht mit großen Hypotheken belasten.

Natürlich geht es mir besser als meinem Vater. Ich musste nicht wie er in einen Krieg ziehen und mit einer Verwundung heimkehren, die das weitere Leben enorm einschränkt. Vier Jahre Besatzungsmacht und 40 Jahre DDR haben mein Denken und Nachdenken geprägt, mir die Ausübung eines Berufes ermöglicht, der mich glücklich machte und der mir bis heute Sympathien in der Öffentlichkeit schenkt. Ich fühle mich auch deshalb gut, weil ich, als ein Elternteil, bei der Erziehung meiner Kinder so viel nicht falsch gemacht haben kann, denn sie haben sich längst im Leben bewiesen und sorgen dafür, dass der Opa bei seinen familieninternen Erzählungen auch seine Enkelkinder mit geschwellter Brust erwähnen kann.

So scheinen die Prophezeiungen also zu stimmen – es geht uns allen besser.

Was mich einen Teil meiner Kindheit umgetrieben hat, war die Angst vor Flieger- und Bombenangriffen. Wie erleichtert war ich, als das endlich vorbei war. Ich habe nicht vergessen, wie die Erwachsenen damals schworen, ihnen möge lieber der Arm abfallen, als dass sie noch einmal eine Waffe in die Hand nehmen würden. Doch die Deutschen remilitarisierten sich schnell. Die Begründung dafür war in Ost und West jeweils anders, vor Hand-Amputationen schien sich aber keiner zu ängstigen.

Dass nie eine Mutter mehr ihren Sohn beweint, klang es in der DDR-Nationalhymne. Diese Zeile war angesichts der Toten an der Mauer ein Hohn für die Opfer und Hinterbliebenen und da auch das Deutschland als einig Vaterland nicht mehr Kampfziel war, kamen bald nur noch die Noten der Hymne zu staatlichen Ehren.

Im Prozess der Wiedervereinigung ging es auch um eine zukünftige Hymne. Sollte es weiter die alte bundesdeutsche sein oder eine neue, könnte etwas von der Becher-Hymne übernommen werden oder wäre Brechts Kinderhymne von 1949 eine mögliche Variante? Ich hätte für diese Möglichkeit gestimmt. Sie wäre ein Neubeginn für alle gewesen:

> Anmut sparet nicht noch Mühe
> Leidenschaft nicht noch Verstand
> Dass ein gutes Deutschland blühe
> Wie ein andres gutes Land.
>
> Dass die Völker nicht erbleichen
> Wie vor einer Räuberin
> Sondern ihre Hände reichen
> Uns wie andern Völkern hin.
>
> Und nicht über und nicht unter
> Andern Völkern wolln wir sein
> Von der See bis zu den Alpen
> Von der Oder bis zum Rhein.

Und weil wir dies Land verbessern
Lieben und beschirmen wir's
Und das liebste mag's uns scheinen
So wie andern Völkern ihrs.

Doch es blieb »Das Lied der Deutschen« von Hoffmann von Fallersleben. Seit der »Weimarer Republik« offizielle deutsche Hymne, von den Nazis in den okkupierten Ländern gespielt und schließlich textlich auf die 3. Strophe reduziert, von der Bundesrepublik übernommen. Nicht unumstritten, wie man weiß.

Johannes R. Bechers hymnische Worte »dass nie eine Mutter mehr ihren Sohn beweint ...« würden wiederum nicht in die Neuzeit passen, in der Tote bei »Friedensaktionen« zu beklagen sind. So erklingt bei der Überführung der Särge deutscher Soldaten wie eh und je »Das Lied der Deutschen«.

Auch deshalb geht es mir heute nicht besser!

Deutsche sterben in fremden Ländern. Im Krieg. Es hat lange gedauert, bis die Obrigkeit die Dinge beim Namen genannt hat. Man bemühte sich, passende Umschreibungen zu finden; doch, gibt es für Krieg ein Synonym? Ja, Verbrechen!

Die USA, die beteiligt waren, den verbrecherischsten Krieg in der bisherigen Geschichte zu beenden, ziehen immer wieder in neue kriegerische Abenteuer und werden nicht müde, dabei den Begriff der Freiheit zu strapazieren. Vietnam hat ihnen als Trauma nicht gereicht. Mit der US-Intervention 2001 in Afghanistan jagen die Amerikaner die vermeintlichen Terroristen des 11. September. Nun deutete der amerikanische Präsident einen Rückzug der Truppen an. Auch die Russen zogen sich einst nach zehn Jahren erfolgloser Kämpfe zurück. Alliierte blutiger Niederlagen.

Die Politik des bundesrepublikanischen Bündnispartners USA scheint immer mehr auf Skepsis und Vorbehalte bei deutschen Geistesgrößen zu stoßen. Die Tötung des Al Qaida Chefterroristen Osama bin Laden, nahm Altbundeskanzler Helmut Schmidt (SPD) zum Anlass, die USA scharf zu kritisieren. Die Amerikaner hätten sich daran gewöhnt, sagte er im »Zeit-Magazin«, das Völkerrecht für sich selbst nicht für zwingend zu halten.

Wer ist ein getreuer Gefolgsmann dabei? Die Deutschen. German to the Front. Schließlich werde am Hindukusch auch unsere Freiheit verteidigt. Wessen Freiheit? Die Antwort auf diese Frage führte 2010 zum Rücktritt eines deutschen Bundespräsidenten. Zu Auslandseinsätzen der Bundeswehr sagte Horst Köhler: »... dass ein Land unserer Größe mit dieser Außenhandelsorientierung und damit auch Außenhandelsabhängigkeit auch wissen muss, dass im Zweifel, im Notfall auch militärischer Einsatz notwendig ist, um unsere Interessen zu wahren, zum Beispiel freie Handelswege, zum Beispiel ganze regionale Instabilitäten zu verhindern, die mit Sicherheit dann auch auf unsere Chancen zurückschlagen negativ durch Handel, Arbeitsplätze und Einkommen.«

Mir ist kein Konflikt der neueren Zeit erinnerlich, der durch eine bewaffnete Friedensaktion der Amerikaner der betroffenen Region den Frieden gebracht hätte. Auch politische, diplomatische Interventionen, selbst unter Einbeziehung der UNO, führten, wie im Nahen Osten zu beobachten, bislang nicht zu befriedigenden Ergebnissen. Die beteiligten Parteien lassen sich gegenseitig nicht zur Ruhe kommen. Jeder nimmt für sich ein historisches Recht in Anspruch, ohne die Rechte des anderen anzuerkennen. Die Wahrheit geschichtlichen Leides darf nicht zu einer neuerlichen Missachtung des Menschen- und Völkerrechts führen.

Frieden, seit uralten Zeiten ein Traum der Menschen, dessen Erfüllung immer mal nah war und plötzlich wieder weit entfernt. Diese Sehnsucht der Menschheit muss herhalten für Begründungen zur Machterhaltung oder Ausdehnung des Machtbereiches. Zum Wort Frieden gesellt sich meist noch der Begriff der Freiheit. Natürlich bestehen beide Konfliktparteien darauf, die Auseinandersetzungen nur zur Wahrung des Friedens und der Freiheit zu führen. Mag diese Agitation in der jeweiligen aktuellen Situation glaubhaft erscheinen oder stillschweigend belächelt werden, muss sie im Nachhinein, wenn entlarvende Fakten und Hintergrundinformationen auf dem Tisch liegen, Einspruch hervorrufen. Pressemeldungen entnehme ich, dass sich Generale der Nationalen Volksarmee der DDR in einem Buch mit der friedenserhaltenden Funktion der NVA und der Grenztruppen, vor allem bei den Maßnahmen zur Grenzsicherung, hervortun. Inzwischen kann in jedem gut organisierten Archiv nachgelesen werden, dass so gut wie allen wichtigen Aktionen während des Kalten Krieges, sowohl die der einen wie die der anderen Seite, intensive Telefonate oder diplomatische Kontakte zwischen der UdSSR und den USA vorausgingen. Ich erinnere an die vor dem 13. August 1961 zwischen Chruschtschow und Kennedy geführten Gespräche, in denen der amerikanische Präsident dem sowjetischen Ministerpräsidenten klarmachte, dass bei allem was die Russen in der DDR auch beabsichtigten, gewährleistet sein müsse, die freie Zufahrt der Alliierten nach Westberlin und dem Ostteil der Stadt. Chruschtschow hatte nämlich angesichts des zunehmenden Flüchtlingsstromes mit einer Abriegelung der DDR gedroht.

Nun war die Lage damals sicherlich nicht ganz so einfach, wie ich es kurz gefasst dargelegt habe. Es soll nur deutlich machen, dass die Entscheidungen internationalen Ausmaßes längst gefällt waren, bevor eine DDR-Delegation mit einem Freundschaftsbesuch zum Befehlsempfang nach Moskau fuhr.

Ich habe bereits in Veröffentlichungen zu meinem Leben beschrieben, dass ich mich 1955 nach dem Studium

freiwillig zur damals noch existenten Kasernierten Volkspolizei, die 1956 in die Nationale Volksarmee umgewandelt
wurde, gemeldet hatte. Später habe ich durch zahlreiche
Synchrontätigkeiten als Sprecher im Armeefilmstudio der
NVA gute Kontakte zu den bewaffneten Organen gehabt.
Es gibt für mich auch keinen Grund, die Notwendigkeit der
Existenz der NVA als Armee des souveränen Staates DDR
anzuzweifeln. Sie war zweifellos eine Armee des Friedens,
denn sie war nie in kriegerische Konflikte verwickelt, ausgenommen beratender Funktionen von Offizieren, z.B. in
afrikanischen Ländern. Ein direkter Kriegseinsatz kann der
NVA jedoch nicht nachgesagt werden. Warum wollen sich
nun einige Ruheständler wichtiger machen, als sie waren?
Sie sollten sich damit zufrieden geben, dass die Nationale
Volksarmee der DDR die erste deutsche Armee war, deren
Generäle ihre ordensgeschmückte Brust im Innendienst
erworben haben.

BESCHNITTENES RECHT

Ein religiöses Ritual ist in der Diskussion. Gehört die Beschneidung zur Religionsfreiheit oder ist sie Körperverletzung? Erst wenn das verfassungsgerichtlich geklärt ist, ergibt eine weitere Auseinandersetzung einen Sinn. Stufen Gerichte bestimmte religiöse Handlungen als nicht verfassungskonform ein, dann dürfen sie in unserem Land nicht vollzogen werden. Verstöße könnten sogar dazu führen, dass die Religionsfreiheit in diesem Falle nicht mehr gewährt werden darf. Doch Kritiker und Empörer islamischer oder jüdischer religiöser Gepflogenheiten sollten bedenken, dass es in der christlichen Theologie ebensolche althergebrachten Undinge gibt. Ich denke dabei an das Beichtgeheimnis. Seit 1215 regelt dieses Kirchenrecht die Aussageverweigerung des Beichtvaters, selbst wenn ihm Straftaten bekannt gemacht werden oder er von beabsichtigten Straftaten erfährt. Sub rosa, streng vertraulich, sind sie ihm zur Kenntnis gebracht worden und bleiben in der Anonymität des Beichtstuhls.

Das deutsche Recht kennt Regelungen der Zeugnisverweigerung für bestimmte Personen. Mein Zweifel bleibt, ob damit der Strafverfolgung immer ein guter Dienst erwiesen wird. Der normale Sterbliche jedenfalls, für den das Recht keine Ausnahmen parat hält, wird beim Verschweigen von Straftaten, die ihm zu Ohren oder vor die Augen kommen, mit Gefängnis oder Geldstrafen belegt. Ich rede hier nicht von Hütchenspielern und Taschendieben, sondern beispielsweise von Mord, Raub und anderen gefährlichen Straftaten wie Hochverrat oder Terrorismus.

Was ist mit dem Bestand von Traditionen? Wir müssen sie immer wieder auf den verfassungsrechtlichen Prüfstand stellen. Bei vielen Dingen haben wir, und das zu Recht, mit »alten Gewohnheiten« gebrochen. Wer hat sich schon groß aufgeregt, wenn Eltern ihre Kinder geprügelt haben? Heute undenkbar. Es galt nicht als anstößig, wenn ein dunkelhäutiger Mensch Neger genannt wurde. Die Gleichberechtigung und Gleichstellung von Frauen waren Fantasien von Suffragetten. Die Gesellschaft verändert sich und mit ihr wandeln sich Moralvorstellungen. In der Vergangenheit nicht immer zum Guten. Doch die Menschen gaben sich die Kraft, das zum Besseren zu wenden.

In unserer heutigen Welt kennen wir unterschiedliche Religionen, Kulturen, Lebens- und Verhaltensweisen anderer Völker nicht mehr nur aus Reisebeschreibungen oder Urlaubsreisen. Wir leben neben und mit ihnen. Was uns fremd erscheint, muss nicht falsch sein. Es muss aber auch nicht in jedem Falle richtig sein. Deshalb gilt es, die Frage zu klären, ob etwas nur fremd und ungewohnt oder nicht mit unserem Grundgesetz vereinbar ist. Der erhobene Zeigefinger darf auch auf uns selbst gerichtet sein.

Wer den Rock reinigen will, sollte nicht vergessen, das Hemd zu waschen.

BESTIMMEN, WAS GUT UND BÖSE IST

Der Partei DIE LINKE wird in ständiger Regelmäßigkeit vorgeworfen, sie hätte nicht mit der SED-Vergangenheit gebrochen, dulde Stasi-IM in ihren Reihen, trauere der DDR nach und plane den Sozialismus. Nun lässt sich ebenfalls mit Regelmäßigkeit nachweisen, dass die so gescholtene Partei in ihren Programmen Vergangenheitsbewältigung betreibt. Mag sein, dass das dem einen oder anderen Kritiker noch zu wenig ist.

Da hatte der SPD-Vorsitzende, Sigmar Gabriel, nach der Bundespräsidentenwahl die Idee für einen Persilschein für die zu roten Genossen. Wenn die Linken Gauck gewählt hätten, so war von ihm am 01.07. 2010 zu hören, dann hätten sie einen Schlussstrich unter ihre SED- und Stasivergangenheit ziehen können.

So einfach ist das also. Man muss nur tun, was andere wollen und schon bekommt man den Ablassbrief.

Und willst du nicht mein Bruder sein, dann schlag ich dir die Fresse ein!

BLOSS KEIN INTERVIEW!
ODER: ES GILT DAS ERBROCHENE WORT

Ein Beinbruch zwingt mich in den Ruhesessel. Zugelegt habe ich mir die Fraktur beim Skilanglauf, der nicht zu meinen bevorzugten, selbst ausgeübten Sportarten gehört. Ich liebe viel mehr den alpinen Skilauf, die Abfahrt, den Slalom. Natürlich nicht in der Rasanz, wie diese Disziplinen von den Profis im Fernsehen zu bewundern sind. Mit 76 Jahren ist ruhiges, erholsames und beschauliches Wedeln auf den Hängen und durch Waldschneisen angesagt. Das Beinmalheur ist auch nicht beim Laufen passiert, sondern beim Aufstehen nach einem leichten Ausrutscher in der Loipe, von einem richtigen Sturz kann überhaupt keine Rede sein. Ich wollte schnell wieder auf den Beinen sein, allein schon deshalb, um die Antwort »nichts passiert« zu bestätigen, die ich jenen besorgten Skiläufern gab, die sich nach meinem Befinden erkundigten. Dabei übersah ich, dass der rechte Ski in eine andere Richtung zeigte als der linke, missachtete die Spannung, die sich dabei aufgebaut hatte, belastete das Bein und hörte es knacken. Oh! Schmerzen hatte ich kaum, nur so, als wenn ich mich leicht gezerrt hätte. Ich lief die etwa drei Kilometer in der Loipe zurück zum Hotel, besorgte mir Salbe und elastische Binden. Erst als ich Schuhe und Strümpfe auszog, sah ich, wie ernst es war: eine ansehnliche Beule, so groß wie ein halber Tennisball, hatte sich am Knöchel gebildet. Ich fuhr deshalb ins Krankenhaus, noch immer aber in der Hoffnung, eine Woche später zum geplanten, »richtigen« Skiurlaub aufbrechen zu können. So schlimm kann es nicht sein, dachte ich, schließlich kann ich noch laufen, wenn auch humpelnd. Doch der Hoffnungszahn wurde mir schnell gezogen. Die Röntgenbilder belegten eindeutig einen Bruch und ich konnte froh sein, dass nicht operiert werden musste. So sitze ich nun in meinem Sessel, lasse mich bedienen, höre aber auch mit Genugtuung von meiner Frau, dass sie jetzt erst richtig merke, was ich im Haushalt alles übernommen hätte, lese das, was ich bislang zurückgestellt hatte, schreibe ein wenig und teste die Lebensdauer des Fernsehgerätes. Ich reihe mich in die statistisch erfassten Personen ein, die täglich mindestens vier Stunden vor dem Fernseher zubringen.

Zum ersten Mal nehme ich bewusst das Mittags- und Nachmittagsprogramm wahr und komme aus dem Staunen nicht heraus. Die Programmmacher scheinen keine hohe Meinung vom IQ ihrer Zuschauer zu haben. Doch ich habe Glück, es gibt viel Sportberichterstattung in dieser Zeit, vor allem über Wintersport: Ski alpin, Biathlon, Langlauf, Skispringen und vieles mehr. Bin ich ein Masochist? Kann selbst nicht auf die Piste und glotze sehnsüchtig auf schneebedeckte Abfahrtshänge.

Mit voller Wucht bekomme ich nun auch die sprachlichen und redaktionellen Unzulänglichkeiten der Reportergilde zu spüren. Was mir bisher in kleiner Dosis nur Unwohlsein bereitete, verursacht in größerer Menge schmerzhaftere Nebenwirkungen. Ich versuche, mich an einiges davon zu erinnern. Oder sollte ich mich besser **zurück** erinnern, wie das ein Reporter bei einem Fußballspiel tat?

Nach dem Motto: »Wir haben's ja!«, sorgen Öffentlich Rechtliche und private Fernsehsender für genug Beschäftigung rund um eine Sportübertragung. Mitarbeiter in technischen Bereichen, wie Kamera, Ton, Regie usw., lasse ich dabei unberücksichtigt. Ob es sich bei zu beklagender Tonqualität um quantitative oder qualitative Mangelerscheinungen handelt, ist nicht so leicht von einem Außenstehenden zu beurteilen. Auffällig ist es aber schon, wenn bei der Übertragung des Fußball-Pokal-Halbfinales Borussia Mönchengladbach gegen Bayern München eine Viertelstunde Tonprobleme auftreten, ohne dass dem Zuschauer dazu etwas gesagt wird. Hier könnten sich Unfähigkeit und Unhöflichkeit gepaart haben. Auf unterschiedliche Pegel zwischen den Tönen des Studiomoderators, des Moderators vor Ort, des Experten, des Reporters und des Interviewers muss ich mich außerdem einstellen (Natürlich können die Berufe auch mit weiblichen Endungen versehen werden). Kommt dann noch die veränderte Lautstärke bei den Werbeeinblendungen dazu, danke ich dem Erfinder der Fernbedienung, die es mir ermöglicht, vom Sessel aus ohrverträglichere Dezibel einzustellen.

Der Studiomoderator kündigt an, was ich in der nächsten Zeit sehen werde. Dann lässt er zum Außenmoderator umschalten, aber nicht ohne ihm noch eine Frage zu stellen und wenn ich Glück habe, geht der auch darauf ein. Mitunter aber wird die Frage ignoriert, schließlich hat sich der Außenreporter ein eigenes Konzept für den Anfang seiner Moderation zurechtgelegt und davon lässt er sich nur ungern abbringen. Ist er gnädig und greift die Frage seines Kollegen auf, beginnt er in den meisten Fällen mit dem kleinen Wörtchen »Ja«, etwas lang gezogen »jaaa« und »also«. »Jaaa also.« Dann ist es an der Zeit, den Experten an seiner Seite vorzustellen. Schon nach dessen ersten Sätzen weiß ich, ob ich von ihm etwas Neues oder Wissenswertes erfahre oder ob er lediglich ein Experte darin ist, Fernsehzuschauern auf die Nerven zu gehen und seine Prominenz auf den Bildschirm zu bringen. Beschäftigungslose VIP müssen untergebracht werden, damit sie VIP bleiben. Als treuem Sportberichteseher reicht mir inzwischen schon die Namensnennung des Experten und ich weiß Bescheid über die »Very Impotant Person«.

Nach 30 bis 45 Minuten Statistik- und Personaliengelabere beginnt das eigentliche Sportereignis. Die Zeit des Reporters ist gekommen. Bei einem Fußballspiel nutzt er z.B. die 45 Minuten einer Halbzeit, um mich 40 Minuten lang seinen geringen Wortschatz spüren zu lassen. Pausenlos erklärt er, was auf dem Bildschirm zu sehen ist – Hörfunk im Fernsehen.

Sportreporterlegende Heinz-Florian Oertel erzählt in einem seiner Bücher eine hübsche Geschichte: Von Kollegen und Vorgesetzten sei er oft gerügt worden, dass er, besonders bei Fußballreportagen im Fernsehen, nicht von seiner Angewohnheit als Rundfunkreporter lassen konnte und alles blumenreich schilderte, was sowieso auf dem Bildschirm zu sehen war. Er solle sich einschränken, war der gut gemeinte Rat. Bei einer Live-Übertragung aus Moskau, so schildert es HFÖ, verspürte er einen immer stärker werdenden Druck auf den Darm, der ihn schließlich zwang, während des Spiels den Reporterplatz zu verlassen, um das entsprechende Örtchen aufzusuchen, das nun auch nicht gleich um die Ecke war. Ein Ersatzkollege war nicht vor Ort, denn der Deutsche Fernsehfunk konnte es sich nicht in jedem Falle leisten, Doppelbesetzungen vorzunehmen. Gott sei Dank fiel in dieser Zeit kein Tor und so war es in der Heimat keinem aufgefallen, dass Oertelstille und »stilles Örtchen« in einem Zusammenhang standen. An seiner Zurückhaltung, so das lobende Urteil der Kollegen, könnten sich alle Reporter ein Beispiel nehmen. Das scheint sich aber nicht herumgesprochen zu haben, denn noch immer kommt es viel zu oft zu sprachlicher Diarrhöe.

Fernseh-Sportreporter haben den Ehrgeiz, der per Bild übertragenen Spannung stimmliche Dramatik hinzuzufügen. Sie senken die Stimme bis sie annähernd ein Wolfsknurren erreicht haben, manchmal schreien sie aber einfach nur und vermitteln so den Eindruck, dass es bei dem geschilderten Ereignis um Leben oder Tod gehe. Es geht aber nur um Sport. In dieser Hinsicht lobe ich mir einige Reporter eines europäischen Sportsenders, die z.B. ganz locker über Abfahrtslauf und Slalom berichten, auch mal einen Scherz einfließen lassen und ich mich so bestens unterhalten und trotzdem informiert fühle, zumal sich ehemalige Rennläufer oder Läuferinnen als wirkliche Experten erweisen. Der Ski-Experte eines öffentlich-rechtlichen Senders sah wohl mit seinem zweiten Auge nicht mehr so gut, denn für ihn war beim Super-G der Rennläufer Stefan Keppler »mehr Passagier als Pilot auf seinen zwei Paar Ski«. Dann hätte der aber mit vier Skiern unterwegs sein müssen – zwei Paar.

Weniger löblich gehe ich mit den Berichterstattern um, die die sportlichen und zumeist erwachsenen Leistungsträger mit kumpelhaften Knaben-Verniedlichungen betiteln. Da springen die Schlieris, Morgis und Schmidtis von den Schanzen, dass es ein Grausi ist. Soll dieses sprachliche Schulterklopfen dem Zuschauer deutlich machen, wie gut der Journalist mit dem Sportler bekannt ist und kein Blatt zwischen beide passt? Irgendwann wirkt es nur lächerlich und dieser Absprung sollte nicht verpasst werden.

Hat der Fernsehzuschauer die Übertragung des Sportereignisses schließlich überstanden, hetzt man die Interviewer auf ihn und noch viel mehr auf die jeweiligen Sportler. Als eine erfolgreiche Biathletin von der aktiven Sportlerin auf die Seite der Experten und Sportreporterinnen wechselte, stellte sie an sich die Anforderung, einem Sportler unmittelbar nach dem Zieleinlauf nie die Frage zu stellen, wie er sich fühle. Das habe sie immer bescheuert gefunden. Zu Recht, meine ich.

Mikrofone und Kameras werden kurz nach dem Zieleinlauf oder Abpfiff eines Spieles den von Anstrengung gezeichneten Sportlern unter die Nase gehalten.

Abgesehen davon, dass das nicht immer ästhetisch ist, wird ihm bei einer Niederlage noch die Frage gestellt, woran es denn gelegen haben könnte.

Reporter: »Lag es vielleicht daran, dass ...«

Sportler: »Das kann ich jetzt noch nicht sagen, da muss ich mir die Bilder anschauen und alles mit dem Trainer analysieren.«

Reporter hakt nach: »War es vielleicht ...?
Sportler: »Könnte sein.«
Reporter lässt nicht locker, wozu ist er denn sonst da:
»Oder war es ...?«
Sportler: »Das wäre auch möglich. Doch wenn ich es recht bedenke, war es wohl die Angst, bei einem Sieg genauso blöde Fragen gestellt zu bekommen wie bei einer Niederlage!«

Bei einem Sieg, einer olympischen Medaille gar oder einem Weltmeistertitel kommt die schon erwähnte bescheuerte Frage:»Wie fühlen Sie sich? Hatten Sie sich das vorgenommen?« »Ich fühle mich sehr schlecht«, müsste da mal Eine oder Einer sagen.»Wissen Sie, ich bin Olympiasieger geworden, aber was denken Sie, wie sich all die fühlen, denen ich die Medaille weggenommen habe. Schließlich sind wir hier im Namen der Freundschaft zwischen den Völkern gestartet. Ich weiß nicht, ob das, was ich gemacht habe, diesem Ziel dient. Ich habe doch nicht jahrelang trainiert, um hier zu gewinnen. Nein, einfach dabei sein wollte ich. Das würde Ihnen auch die Arbeit ersparen, ständig Medaillen zählen zu müssen.«

Verlieren Sportler oder Sportlerinnen überraschend einen Wettkampf, könnte es daran liegen, dass sie sich gedacht haben:»Nicht gewinnen – bloß kein Interview!«

Noch ein Tipp für Interviewer: Sollte jemand auf eine Frage antworten:»Das ist eine gute Frage.«, einfach sagen: »Ich stelle nur gute Fragen!« Dann sollte es aber auch so sein!

Im September 2011 vermutete eine Zeitung im Rhein-Main-Gebiet, dass die öffentlich-rechtlichen Sender höhere Rundfunkgebühren kassieren möchten. Die Anstalten sollen 1,47 Milliarden Euro zusätzliche Gebühren gefordert haben. Laut einem Mediendienst soll u.a. die ARD für die nächste Gebührenperiode 900 Millionen Euro mehr fordern. Das ZDF will sich mit 435 Euro mehr begnügen.

Gelegentlich ist von Fernsehzuschauern zu hören, dass die GEZ-Gebühren immer höher werden und das Programm immer schlechter. Vorsicht! Bei solchen Bemerkungen droht juristischer Ärger. Im stillen Kämmerlein von sich gegeben, dürften derartige Schmähreden noch keine Folgen haben. Wer aber öffentlich oder gar veröffentlicht die Wörter GEZ und Gebühren miteinander verbindet, der wird zur Kasse gebeten. 5 000 € Strafe als Abmahnung könnten die Folge sein. Richtig will man hören »gesetzliche Rundfunkgebühr«.

Das ist mir Wurscht, werden Sie, verehrte Leser und Zuschauer sagen, ich will für mein Geld ein anständiges Programm sehen. Das kann ich verstehen, bin ja selbst ein Betroffener. Nur, für die Programmgestaltung ist das Geld nicht gedacht.

Das Bundes-Verfassungs-Gericht entschied, dass die öffentlich-rechtliche Rundfunkgebühr kein Entgelt für Programmleistungen darstellt, sondern das von den Ländern eingeführte Mittel zur Finanzierung der öffentlich-rechtlichen Rundfunk-Anstalten. Wenn ich das richtig begreife, dann leiste ich mit meinen Rundfunkgebühren einen bescheidenen finanziellen Beitrag zu den Personalkosten, der Technik und den Immobilien.

Zu den Aufgaben des Öffentlich-rechtlichen Rundfunks gehören Übertragungen von erheblicher gesellschaftlicher Bedeutung.

Zählen dazu königliche Hochzeiten oder gar die Taufe einer schwedischen Prinzessin?

Ein Internetdienst bezeichnet derartiges Adels-TV als Opium fürs Volk und Klatschpressenniveau. Auch dem Urteil der »Stuttgarter Zeitung« fühle ich mich verbunden: Stuss und Nonsens über anachronistische Monarchien.

Die Medienanstalten haben zur Kontrolle des Programms u.a. eine Kommission für Jugend-Medienschutz,

KJM, eingerichtet. Sie soll verhindern, dass entwicklungsbeeinträchtigende Sendungen ausgestrahlt werden.

Offensichtlich verstehe ich etwas anderes darunter als die KJM-Mitglieder. Über Jahre hinweg wird in der Soap »Sturm der Liebe« dem Zuschauer suggeriert, dass der Arbeitnehmer seine privaten Angelegenheiten locker und fröhlich in der Arbeitszeit erledigen kann. Kein Wunder, wenn Jugendliche am Arbeits- oder Ausbildungsplatz nicht zurechtkommen, weil diese TV-Praxis im wahren Leben keine Chance bekommt.

Ständig prosten sich, vom Manager bis zum Küchenpersonal, die Mitarbeiter mit alkoholischen Getränken zu. Im Hotel scheint es einen Weinkeller eigens fürs Personal zu geben.

In einem Punkt stimmt das Serienleben mit der Wirklichkeit überein: die Führungsposten im Hotel werden durch Beziehungen vergeben, ob sie den Beruf gelernt haben oder nicht, spielt keine Rolle.

Wenn ich mich im Freundes- und Bekanntenkreis darüber unterhalte, bekomme ich zu hören, dass ich mir das ja nicht anschauen müsse. Sie, meine Freunde, würden gar nicht oder sehr selten den Fernseher einschalten. Die Flimmerkiste sei lediglich noch Mobiliar. Ein teures noch dazu.

Denn die Rundfunkgebühr muss auch dann entrichtet werden, wenn man ein Fernsehgerät zwar besitzt, es aber gar nicht eingeschaltet hat. Es kann noch im Karton verpackt sein, es muss trotzdem gelöhnt werden, denn allein das Bereithalten eines Rundfunkempfangsgerätes, so entschied das BVG, begründet die Gebührenpflicht.

Das erinnert mich an einen Witz. Bei einem Mann wird im Keller seines Hauses eine Druckerpresse gefunden. Da gerade wieder einmal Falschgeld im Umlauf ist, werden ihm die Blüten untergejubelt. Er beteuert zwar, nie Falschgeld hergestellt zu haben, allein der Besitz der Druckerpresse wird ihm zur Last gelegt. Ihm wird kein Glauben geschenkt.

Er ist der Hersteller des Falschgeldes. Schließlich habe er das Gerät dazu. Der Beschuldigte weiß sich letzten Endes keinen anderen Rat, als gegen den Richter einen Befangenheitsantrag zu stellen. Der hätte nämlich die Frau des angeblichen Blütenzauberers vergewaltigt. Empört weist der Richter die Anschuldigung zurück, er kenne die Frau des Angeklagten überhaupt nicht. Ihm eine Vergewaltigung zu unterstellen, sei absurd. Das mag schon sein erwidert der Angeklagte. Aber das Gerät dazu hätte der hohe Herr.

CRITICAL EURO-CORRECTNESS

Nein, es geht nicht um die Währung, das Geld. Indirekt vielleicht, weil die zu Beschreibenden, mit dem, was sie bei der »Euro 2012« zeigen, ihr viel zu üppiges Geld verdienen. Mitunter fragt sich der Betrachter wieso?

Um sicher zu gehen, dass ich auch von allen Lesern verstanden werde, mit der »Euro 2012« ist die Fußball-Europameisterschaft gemeint, bei der 16 Nationalmannschaften um den Titel spielen. Sind alle Stadien gefüllt, bejubeln oder beklagen rund 1 345 000 Zuschauer, was auf dem Rasen geboten wird. Da fehlt noch die Addition der Public Viewing-Fans und der millionenfachen Sessel-Trainer vorm Flachbildschirm.

Vor solch einer Kulisse sein Land vertreten zu dürfen, scheint für jeden Kicker eine große Ehre zu sein, will man Interviewäußerungen Glauben schenken. Die Realität drängt mir Zweifel auf.

Ein Land, ein Staat, eine Nation repräsentieren sich u.a. durch Fahnen, Staatsembleme und Hymnen. Es ist ein ergreifender Akt, wenn diese Symbole zur Ehre des Staates und der sie in diesem Augenblick vertretenden Personen feierlich der Öffentlichkeit präsentiert werden.

Da stehen die Kicker nun auf ihren millionenschweren Beinen auf dem Rasen, warten auf den ersten Pfiff des Schiris, während die Hymne ihres Landes erklingt, das gesungene Echo tausendfach von den Rängen zu den elf angetretenen Söhnen dieser Nation hallt und einigen von ihnen scheint es schon vor dem Spiel die Sprache verschlagen zu haben, ihr Mund bleibt zu. Bei den Spaniern verständlich, deren Hymne ist ohne Text.

Betrachte ich den deutschen Kicker-Chor, fallen mir Nichtsänger auf, deren Wurzeln in anderen Ländern liegen, die aber zumeist in Deutschland geboren wurden. Warum bleiben sie stumm in dem Moment, wo jeder Einzelne für Deutschland steht? Konzentration auf das Spiel? Stille Gebete für ein verletzungsfreies Spiel und für den Sieg? Mein Kopf und mein Herz wollen diese Begründungen nicht in sich hinein lassen. Natürlich kann kein Spieler zum Singen gezwungen werden. Warum ist es für ihn keine Zwangsläufigkeit, sich von ganzem Herzen zu Deutschland, dem einigen Vaterland zu bekennen?

Dieses Thema mit älteren Freunden und Kollegen besprochen, erbrachte weitere Erkenntnisse. Jene, die die Blutspur und die Massengräber gesehen, die Schützengräben der Nazis überlebt haben, deren Begleitmusik das Deutschlandlied war, haben verständliche Vorbehalte gegen diese Klänge. In den Gesprächen spürte ich auch kein Verständnis dafür, dass mit der Gründung der Bundesrepublik Deutschland dieses Lied erneut zur Staatshymne erhoben wurde. Zweifaches Unverständnis, dass mit der Wiedervereinigung 1990 nicht auch eine neue Hymne die Vergangenheit bereinigte. Gedanken solcherart waren gewiss nicht in den Köpfen, der auf den Anpfiff wartenden jungen deutschen Nationalspieler. Eher schon auf der Tribüne bei älteren Zuschauern, denen Stahlhelmsensibilität nachgesagt wird.

Besonders beeindruckt haben mich bei der EM die polnische Nationalmannschaft und ihre tausendstimmigen Fans auf den Rängen. Vielleicht glich der Gesang vorm Spiel gegen Russland mehr einer Kampfhymne. Zugleich aber erreichten die Wellen dieser Leidenschaft auch mich als Zuschauer vor dem Bildschirm. Und auch die Engländer huldigten ihrer Königin einstimmig.

Wie glücklich können Trainer europäischer Fußball-Nationalmannschaften sein, dass auf unserem Kontinent keine philippinischen Verhältnisse herrschen. Wer dort die Nationalhymne nicht vernünftig singt, kommt in den Knast.

Bei einem Spiel der Chilenischen Nationalmannschaft konnte ich beobachten, dass alle Spieler kräftig die Hymne ihres Landes schmetterten. Auch der Nationaltrainer sang – und der kommt aus Argentinien!

Da will ich aber zugeben, dass ich kein Freund davon bin, dass der Trainer einer Nationalmannschaft einer anderen Nation angehört, denn er sollte Teil dieser Mannschaft sein. In unserer globalisierten Welt, in einer Europäischen Union ist eine Nationalmannschaft schon fast die letzte Möglichkeit sich zu einer nationalen Identität zu bekennen. Da möchte ich, dass alle Mitglieder dieser Mannschaft einer Nation angehören. Es sei denn, man legt auf diese Identität keinen Wert mehr. Wenn kein Wert auf den Hymnengesang gelegt wird, dann wäre doch zu überlegen, die Hymnen ohne Text einzuspielen oder sie wegzulassen. Das könnte aber Proteste bei Ländern hervorrufen, die auf nationale Symbolik Wert legen.

Bei der medial verwerteten »Euro 2012« ist eine Verwirrung politischer Korrektheit zu beobachten.

Im Vorfeld des Spiels Deutschland gegen Portugal sorgte Co-Trainer Hansi Flick für Aufregung, weil er meinte, die Spieler könnten Ronaldos Freistößen dadurch begegnen, indem sie den Stahlhelm aufsetzten und höher sprängen. Mangelnde Sensibilität wurde ihm vorgeworfen, weil, die Nationalmannschaft spielte in der Ukraine, der deutsche Stahlhelm hier böse Erinnerungen wecke. Das ist wohl wahr.

Welche Erinnerungen weckt der deutsche Name Lemberg? War Lemberg nicht die Hauptstadt des Distrikts Galizien im nazistischen deutschen Generalgouvernement? Gab es hier nicht eines der größten Ghettos und Konzentrationslager, in dem 540 000 Menschen umgebracht wurden, darunter 400 000 Juden, unter ihnen fast alle 130 000 jüdischen Stadtbewohner?

Warum nennen wir diese Stadt nicht Lviv, wie sie ukrainisch heißt? Auf der Bande im Stadion steht es. Ebenso wie Charkiw. Zugegeben, es war für mich neu, der seit vielen Jahren nur Charkow kannte. Die Ukrainer wollten sich nach der Auflösung der UdSSR auch sprachlich vom Russischen unterscheiden und trennen. So kam es zum ukrainischen Charkiw. Nebenbei bemerkt heißt es ukra/i/nisch und nicht ukreinisch, wie in einem Vorbericht gesprochen.

Uneinigkeit herrscht jedoch zwischen schreibender und sprechender Journalistenzunft. In den Zeitungen steht nach wie vor Charkow, den Reportern und Moderatoren kommt das korrekte Charkiw über die Lippen.

Polnischen Städten werden von den Medien weiterhin die deutschen Bezeichnungen von 1939 gegeben, obwohl seit der Anerkennung der Oder-Neiße-Grenze die Städte Gdansk, Wroclaw und Poznan heißen. Danzig, Breslau und Posen mag in den Ohren schlesischer Heimatverbände, in denen sich mitunter auch unverbesserliche Revanchisten tummeln, vertrauter klingen. Den Textteil der polnischen Nationalhymne »Noch ist Polen nicht verloren!«, sollten sie nicht in den falschen Hals bekommen.

Die »UEFA-Euro 2012« bekam vor Beginn ihre politische Brisanz wegen der Verurteilung der ukrainischen Oppositionspolitikerin Timoschenko. Kein deutscher Politiker wollte zu den Spielen in die Ukraine reisen. Später, nachdem die deutsche Elf das Viertelfinale erreicht hatte, waren schon wieder andere Töne zu hören. Mit den Protestäußerungen habe Deutschland seine Haltung zum Ausdruck gebracht. Jetzt bräuchte die deutsche Mannschaft jede Unterstützung. Richtig, Ihr Maulhelden und oralen Säbelrassler. Besonders im Viertelfinalspiel gegen Griechenland. Da sollte eigentlich das komplette Kabinett anwesend sein, denn das hat dem Rettungsschirm für Griechenland zugestimmt, der in der griechischen Medienlandschaft zu wüsten Beschimpfungen und Verunglimpfungen der Bundesrepublik und ihrer Kanzlerin führte. So wurde die Nazivergangenheit auf den grünen

Rasen zurückgeholt und die Kanzlerin mit Naziuniform und Hakenkreuz dargestellt.

Trägt Deutschland nicht die Hauptlast des Rettungsschirms für die weitere Existenz Griechenlands? Der deutsche Steuerzahler hält seinen Kopf hin, wenn da was schief läuft?

Und da lassen wir uns protestlos beleidigen? Warum distanziert sich die gerade mit Ach und Krach entstandene neue griechische Regierung nicht von dieser Medienkampagne? Wurde mal mit dem griechischen Botschafter von deutscher Seite Tacheles geredet oder rufen wir weiter fröhlich »Jamas«? Wo bleiben Selbstachtung und Stolz? Besitzen wir das noch oder sind sie uns durch die ewige Vergangenheitsdiskussion abhanden gekommen und es kann nun jeder uns beschimpfen wie er möchte und dafür noch Wohltaten erwarten und beziehen? Oder kommen jene Stimmen der Wahrheit näher, die kundtun, wir sollten uns nicht überall einmischen und die Welt nicht schon wieder am deutschen oder europäisch gefärbten deutschen Wesen genesen lassen wollen?

Darf ich mich über die sportlich verbrämte Hetze der Griechen aufregen? Wir halten uns ja auch nicht zurück mit Niederlagenhäme gegen die Akropolis-Kicker. Das Spiel ist noch nicht einmal angepfiffen, da siegt Deutschland längst in den Medien. »Tschüs Griechen – heute können wir euch nicht retten«, titelt eine Zeitung und kann die Politik nicht aus dem Sport herauslassen, während eine andere in einem umgedichteten Udo Jürgens-Lied Griechenland weinen lässt nach der hohen Niederlage, eingeschenkt von Gomez und Poldi.

Die geistigen Tiefflieger sind schon wieder auf Kreta gelandet, Deutschland soll bei der EM immer weiter marschieren und wenn es soweit kommt, auch England siegreich schlagen. »Deutschland über Alles« ist noch lange nicht aus den Köpfen und wird auf dem grünen Rasen Realität.

Fast wünsche ich mir eine deutsche Niederlage. So sollen Selbstachtung und Stolz nicht gezeigt werden. Doch mein Wunsch ist ungerecht der Mannschaft gegenüber.

Griechischen wie deutschen Medienmachern ist Zurückhaltung anzuraten. Eine mit Nazisymbolen dekorierte deutsche Kanzlerin auf der einen, Häme gegen sportliche und wirtschaftliche Niederlagen der Griechen auf der anderen Seite, liefern die Munition für gewaltbereite Hooligans in beiden Lagern.

Ich möchte, dass ich nicht Recht behalte.

Sowohl die Debatten und Auseinandersetzungen zur Rettung Griechenlands, die Anfeindungen gegen die Helfer, die Diskrepanzen, die mit weiteren Rettungsschirmen folgen werden, machen mir deutlich, dass ein vereinigtes Europa ein teurer Traum ist. Jeder Nation sitzt das Hemd näher als der Rock. Wir können es uns anders wünschen, dabei wird es aber auch bleiben.

Vielleicht sollten wir Deutschen uns generell etwas zurücknehmen.

Friedrich der Große hat seinem Nachfolger mit auf den Weg gegeben, er solle sich nicht in alle fremden Händel einmischen. Wenn er sich selbst nicht daran gehalten habe, dann sei das seinem jugendlichen Leichtsinn und der Gier nach Ruhm in den Geschichtsbüchern geschuldet gewesen.

Aus der Geschichte darf gelernt werden.

DAS IST TYPISCH!

Wer sagt, das sei ja wieder mal typisch, will damit ausdrücken, dass es sich dabei um eine kennzeichnende und prägende Eigenschaft handelt, die immer wieder, wenn auch in unterschiedlichen Varianten, festzustellen ist.

Als zum Jahresende 2011 sich der amtierende Bundespräsident wegen Vorteilsnahme in die Schlagzeilen brachte, sein Name und Konterfei wegen Ehrensold, Präsidenten a.D.-Privilegien und staatsanwaltschaftlichen Ermittlungen weit in die Monate des zweitausendzwölfer Jahres in den Medien ertragen werden mussten, war allerorts Enttäuschung und Empörung bei den Menschen. Das hätte man nie gedacht, der machte doch einen so guten Eindruck. Und es war wohl manchmal auch das eigene Versagen bei der Einschätzung des Charakters einer Person, die einem lediglich durch die Medien bekannt gemacht worden war, was die Empörung nicht kleiner werden ließ. Unbescholtenen Präsidenten-Fans wurde leichter ums Herz, als von einer Hetzkampagne die Rede war. Eine Entlastung hatte es nicht zur Folge. Die Belastung des Amtes durch Unrühmlichkeiten des Präsidenten geriet wohl eher größer und die Frage wurde gestellt, ob wir denn überhaupt einen Bundespräsidenten brauchen, dessen Kompetenz schwer erkennbar ist, sein Dasein sich damit erfüllt, auf roten Teppichen rund um den Erdball nicht zu stolpern und in der Heimat schöne, kluge Reden zu halten, damit wieder einmal ein Ruck das deutsche Volk aufwachen lässt. Das haben in der Vergangenheit kluge Geister von Wissenschaftlern und Dichtern schon preiswerter hinbekommen. Talkshow- und Kolumnenpolitiker beklagen mangelndes gesellschaftliches Engagement der geistigen Elite unseres Landes. Wenn das so ist, könnte es Resignation oder Protest sein. Oder man ist es einfach leid, für das was gesagt wurde, krass gescholten zu werden.

Der Bundespräsident sei von den Verfassungsvätern gewollt mit wenig Macht ausgestattet worden, so werden fehlende Befugnisse begründet, um die Wiederholung eines Amtsmissbrauchs à la Hindenburg zu verhindern, der Kraft seines Amtes Hitler auf den Nazithron gehoben hatte. Als Steigbügelhalter der Nazis wurde er in meiner Schulzeit betitelt. Trotzdem gibt es weiterhin Hindenburgplätze und -dämme. Wer auf die Insel Sylt fährt, nutzt einen solchen Damm.

Ist im Gegensatz zu einst heutigen Bundespräsidenten kaum mehr als die Macht der Worte geblieben, ähneln Verhaltensweisen verblichener Amtsträger jenen, die gegenwärtig selbst für ihren Ruhestand sorgen.

Hindenburg sollte zu seinem 80. Geburtstag den alten Familienbesitz geschenkt bekommen. Er konnte ihn aus finanziellen Gründen selbst nicht mehr halten. Ein Freundeskreis und Vereine sammelten, die Wirtschaft stockte mit Spenden auf. Es kam schließlich ein Betrag von 1 Million Reichsmark zusammen. Um Erbschaftssteuern zu sparen, wurde es auf einen Sohn überschrieben. Das war durchaus legal, aber für Hindenburg in seiner Position ein äußerst anrüchiges Verhalten. Es kam, wie es kommen musste, es gab weitere Korruptionsvorwürfe, die als Osthilfeskandal in die Geschichte eingingen.

Nicht unerwähnt will ich lassen, dass Hindenburg seinen Ruhesitz von 1919 bis 1925 in Hannover nahm. Er hatte als Ehrenbürger der Stadt ein Haus geschenkt bekommen.

Als Berufskollege will ich gern einräumen, dass das Thema Amtsmissbrauch und Vorteilsnahme für jeden Journalisten ein gefundenes Fressen ist. Aber Vorsicht! Schnell schlüpft man in die Rolle des Moralapostels und umhüllt sich mit dem Mantel der Lächerlichkeit. Ich denke dabei an jene Kollegin, die bei einer Fernsehinquisition des Bundespräsidenten von sich gab, sie würde bei der Übernachtung von Freunden bei ihr von diesen Geld verlangen. Ich weiß nicht, wie viele Freunde die Dame hat. Ich jedenfalls könnte bei dieser Praxis einen guten Schnitt machen. Vorausgesetzt ich hätte dann noch all meine Freunde.

Ich weiß auch nicht, ob diese Journalistin zu jenen Kollegen zählt, die, wie gelegentlich in einigen Talkshows zu diesem Thema zu hören war, auf Vergünstigungen, also so genannte Journalistenrabatte, verzichtet oder sich ihrer kräftig bedient. In einer Auflistung für Journalisten werden 300 Firmen genannt, die dem Berufsstand finanzielle Vergünstigungen – oder ist hier schon von Vorteilsnahme zu sprechen – gewähren. Reise- und Flugrabatte, Nachlässe beim Autokauf und bei Computern, Vergünstigungen bei verschiedenen Hotelketten und bei Kommunikationsanbietern und dergleichen mehr. In meiner aktiven Zeit als Journalist nach der Wende war ich z.B. Motorjournalisten begegnet, die noch nie ein eigenes Auto besessen hatten und trotzdem immer gut motorisiert unterwegs waren – mit Testautos. Wie nahe liegt da der Zweifel an der Objektivität der Testberichte. Man braucht ja wieder mal ein Auto.

Vielleicht hat sich mancher Fernsehzuschauer gewundert, warum in Unterhaltungssendungen so wenig personelle Vielfalt zu sehen ist, fast immer die selben Künstler die Bühne bevölkern? Hängt das möglicherweise mit den Skandalen zusammen, die beim MDR aufgedeckt wurden? Da sollen ja Verträge nachträglich geschlossen und nicht unterschrieben, Rechnungen ohne Auftrag und Vertrag bezahlt worden sein. Bei einer anderen Sparte des Senders wurden Riesensummen unterschlagen, was lange Zeit unbemerkt blieb. Schaden 8 Millionen Euro.

Andernorts musste ein Sportchef seinen Hut nehmen, weil er in die eigene Tasche gewirtschaftet hatte.

Liegt nun der schwarze Peter bei den Medien? Nein, auf keinen Fall. Und was die Medien mit der Präsidentenaffäre respektive den »Fehlern« des niedersächsischen Minister-präsidenten ans Tageslicht befördert haben, ist gute und richtige Journalistenarbeit. Ohne derartige Enthüllungen und möglicherweise noch vorhandener Angst vor ihnen wären wir längst eine »Bananenrepublik«, so gern die Wort-wahl, wenn es darum geht, dass wir, trotz realer Korruption und Bestechung, noch immer eine Demokratie sind.

Nach dem Wohnungswechsel Wulffs vom Schloss Belle-vue ins Großburgwedelsche Backsteinhaus und zeitweisem klösterlichen Entspannungsquartier, änderte sich teilwei-se der Tenor der Beschuldigungen. Plötzlich war fast aus-schließlich von den juristischen Aspekten der Vorwürfe die Rede, ob sie rechtlich den Paragraphen standhielten und die Staatsanwaltschaft ausreichend Begründungen für eine Anklage fände. Da kommt mir der Begriff vom Hornberger Schießen in den Sinn. Noch vor dem juristischen Persil-schein sollte aber die Frage stehen, ob in so einem hohen Amt nicht vor allem der moralische Aspekt zu stehen habe. Wenn ich dann noch die in der Zeit dieser Affäre kundgeta-nen unklugen, wohl schon naiv zu nennenden Handlungen und Äußerungen in mein Gedächtnis rufe, dann zweifle ich die Reife des Betreffenden für so ein Amt an.

Ich will aber nicht so tun, als gebe es keine Moral. Ge-genwärtig wird sie wieder über alle Medien gepredigt. Es geht um die Fußball-Europameisterschaft, die im Juni/Juli 2012 in Polen und der Ukraine stattfand. Menschenrechts-verletzungen in der Ukraine wurden angeprangert. Es ging um die inhaftierte, erkrankte Oppositionsführerin Julia Ti-moschenko, die angeblich auch gefoltert worden sein soll. Wenn sie nicht freigelassen werde, wollten sich weder die deutsche Bundeskanzlerin noch Minister und andere Poli-tiker auf ukrainische Fußballtribünen stellen oder setzen. Bundespräsident Gauck hatte auf die Teilnahme an einer internationalen Konferenz auf der Krim verzichtet. Das hat wohl den Ukraine-Stein zum Rollen gebracht.

Vor allem wurde nun an die Moral und Solidarität der Fußballfans appelliert. Per Public Viewing sollten sich die Fans die Spiele in ukrainischen Stadien von Polen aus anschauen. Fast alle Parteien riefen nach einem Besucherboykott. Das hätte bedeutet, die Vorrundenspiele der bundesrepublikanischen Nationalmannschaft würden ohne deutsche Anfeuerungen und deutschen Torjubel stattfinden. Was wäre, wenn die DFB-Elf im Finale gestanden hätte? Das fand in Kiew statt.

Ein ehemaliger, hochrangiger DFB-Funktionär erhoffte sich von den Fans Proteste, Meinungsäußerungen und Besucherboykott. Das könne man schließlich von mündigen Staatsbürgern erwarten.

Kann ich nicht auch von mündigen UEFA-Funktionären oder Verantwortlichen anderer Weltverbände erwarten, dass sie sich vor der Vergabe von Großereignissen, Gedanken darüber machen, an welches Land mit welchem politischem System der Ausrichtungszuschlag gegeben wird. Es war ja nicht das erste Mal, dass es bei der Vergabe von Weltmeisterschaften oder Olympischen Spielen im Nachhinein politische Querelen gab. Der Sport soll sich aus der Politik heraushalten, heißt es dann von vielen Seiten. Spätestens seit den Mordanschlägen während der Olympischen Spiele München 1972 wissen wir, dass sich die Politik keinesfalls aus dem Sport heraushält. Warum sollen immer die, die keinen Einfluss auf Entscheidungen haben, dann die heißen Kartoffeln aus dem Feuer holen und die Moral hochhalten? Nunmehr wurde beklagt, dass es in der Ukraine mafiose Strukturen gebe, die sich an der EM eine goldene Nase verdienen. Die Bettenpreise in Hotels der Austragungsorte hätten sich verdreifacht.

Da schau mal an! Andernorts wird die Reaktion auf Angebot und Nachfrage einfach Marktwirtschaft genannt.

Die Moralapostel betreten immer dann die Kanzel, wenn das Netz der gesetzlichen Regelungen zerreißt. Da werden

Discounter angeprangert, weil sie unmenschlich mit ihren Mitarbeitern umgehen, sie mobben und heimlich überwachen, sie zu längeren Arbeitszeiten nötigen und teilweise schlecht bezahlen. Der Kunde solle dort nicht mehr einkaufen, verlangen die Gutmenschen. Der Käufer soll und will aber nicht die Arbeit der Gewerkschaften und Arbeitsgerichte übernehmen. Die Moral hat es schwer im kapitalistischen System.

Ende März 2012 sah ich in der Fernsehserie »Küstenwache« an der Zimmerwand eines Büros noch ein Bild des zurückgetretenen Bundespräsidenten; oder war es ein Steckbrief?

Im Ursprungssinne des Wortes träfe »Bananenrepublik« auf Deutschland nicht zu, denn da müsste die Korruption schon vorherrschend, also staatstragend sein, lasse ich mich durch Nachschlagewerke belehren. Wenn ich aber aufmerksam nicht nur die große Weltpolitik verfolge, sondern mich bei den Medien in die regionalen Gebiete begebe, finde ich Polizisten, die Rabatte im Puff bekommen und dafür Informationen zu Razzien und Kontrollen heraustöhnen, amtliche Kassenwarte, die Bareinnahmen für Ordnungswidrigkeiten aufs eigene Konto einzahlen, Umgehung von Ausschreibungen und plötzlich ist das Haus renoviert und die eigene Haushaltskasse nicht geschmälert und viele andere Dinge mehr.

Der Regierende Bürgermeister von Berlin verbringt erholsame Tage in der Finca eines Eventmanagers, gegen den später, im Zusammenhang mit der Wulff-Affäre, wegen Korruption ermittelt werden wird. Ein Senatssprecher findet an der Herbergsnahme des Regierenden nichts Anstößiges. Zweifel bleiben, zumal besagter Manager auch eine Wahlkampfveranstaltung für seinen Logiergast organisiert haben soll. Abgeordnete mutmaßen, dass das nicht umsonst gemacht wurde. Einem ehemaligen Landesjustizminister werden Betrug und Steuerhinterziehung vorgeworfen, für die er sich vor Gericht verantworten muss, glimpflich davonkommt und trotzdem als der erste vorbestrafte Ex-Justizminister in die Geschichte eingeht.

Mauscheleien auf Schritt und Tritt. Man möchte meinen, nur das hält alles zusammen. Zollfahnder haben kaum Chancen. Was nicht übers Scheckheft läuft, geht übers Parteibuch.

Bei dieser Realität bin ich geneigt, mit dem Kopf zu nicken und zu lächeln, wenn ich die satirisch gemeinte Abkürzung für die BRD lese: Bananen-Republik-Deutschland.

Deja vu

Deutschland erstickt im Schrott.

Die Menschen schmeißen zu viel auf den Müll. Vieles könnte repariert oder von vornherein für langlebiger produziert werden.

Untersuchungen haben ergeben, dass Firmen Geräte herstellen, die in ihrer Haltbarkeit bis kurz nach der Garantie reichen. Sollte danach noch eine Reparatur möglich sein, gerät diese preislich fast an den Kauf eines neuen Gerätes.

Die in den letzten Jahren erfolgten Innovationen besonders auf dem elektronischen Sektor ließen die Schrottberge, zum Beispiel an Fernsehgeräten, stark ansteigen. Wir öffneten bereitwillig unsere Ohren für die Werbebotschaft, dass es nun ein Flachbildschirm sein müsse, selbstverständlich HD-fähig und dreidimensional. Auf den Recyclinghöfen stapeln sich die alten Röhrenglotzen in den Containern, kostenlos entsorgt, in Berlin jedenfalls. Es sind jedoch nicht nur Fernseher, die für zu alt angesehen werden, ohne dass sie ihren technischen Geist aufgegeben hätten. Ein Rundgang bei Entsorgungsbetrieben lässt erstaunen, was Mitmenschen alles wegwerfen. Manchmal ist es noch nicht einmal Schrott.

Ich kenne durchaus die Situation, dass man sich an bestimmtem Mobiliar satt gesehen hat. Es muss was Neues her. In meinem Elternhaus stand bis zum Tode meiner Mutter ein Stubenbuffet, dass schon meine Geburt erlebt hatte. Und auch das Schlafzimmer und Teile der Küche waren mir aus meiner Kindheit vertraut. Diese Zeiten sind längst vorbei. Mag sein, dass das auch eine Frage der Haltbarkeit durch Qualitätsarbeit und der Materialien war. Alles noch aus »richtigem« Holz gefertigt.

Was mache ich heute mit einem Möbelstück, das ich mir übersehen habe, aber durchaus noch gut in Schuss ist?

Hilfsorganisationen anbieten, die es an Bedürftige weiter-geben. Da liegt die Messlatte des Anspruchs inzwischen auch schon sehr hoch. Die nehmen nicht mehr alles.

Ich wähle den bequemen Weg des Sperrmülls.

Um dem Müll-Erstickungstod zu entrinnen, wird neu-erdings nicht nur an die Industrie appelliert, haltbarer zu produzieren, sondern es entstand die Idee, so genannte »Repair-Cafés« einzurichten. Wie ich las, sind das Cafés, in denen geprüft wird, ob einem defekten Kleingerät wie-der bezahlbarer Funktionsgeist eingehaucht werden kann. Dann lässt der Kunde sein Gerät da und holt es nach einer vereinbarten Zeit wieder ab oder er wartet bei einer Tasse Kaffee, bis zu Ende geschraubt oder gelötet ist.

So löblich das ist, das Rad wird neu erfunden. Das gab es schon zu DDR-Zeiten. Allerdings nicht unter dem Na-men »Repair-Café«, sondern es hieß schlicht und einfach »Reparaturstützpunkt« oder Dienstleistungszentrale. Die-se Bezeichnungen erinnern jedoch zu sehr an die DDR und deshalb wurde zu »repair« Zuflucht genommen, das klingt international und jeder englischsprechende Tourist weiß sofort, aha, hier kann ich meine Kaffeemaschine repairen lassen. Wenn er sie gerade nicht bei der Hand hat, kann er sie beim nächsten Besuch mitbringen. Bei den Reparatur-stützpunkten gab es anfangs einen für Kaffeemaschinen, einen für Staubsauger, einen für Fernsehgeräte, einen für Kühlschränke, einen für Waschmaschinen usw., usw. In den meisten Städten war dann später alles in einem Stütz-punkt zusammengefasst, so dass die Rennerei von einem Stützpunkt zum anderen fortfiel.

Andrang war immer und es gab Wartezeiten, bei Fern-sehern z.B. wurde deshalb leihweise ein Ersatzgerät ange-boten. Trotzdem war die Haltbarkeit der Geräte besser. Ich benutze heute noch auf meinem Campingplatz eine Kaf-feemaschine, die einst im Kabelwerk Oberspree in Berlin im Rahmen der Konsumgüterproduktion gefertigt worden war. Die »Konsumgüterproduktion« kennzeichnete die Herstellung von Gütern in produktfremden Betrieben. Die Warenengpässe konnten dadurch trotzdem nicht beseitigt werden.

Nun muss ich erklären, dass mein umbauter Wohnwagen einmal als Ferienobjekt eines Volkseigenen Betriebes zur Urlaubsgestaltung der Werktätigen diente, so dass die Kaffeemaschine beinahe im Dauergebrauch war. Bei der läuft das Wasser noch langsam durch den Filter, nimmt das Kaffeearoma mit, so dass ich am Ende auch weniger Kaffeepulver benötige, als in neuzeitlichen Kaffeemaschinen, in denen das Wasser durchrauscht als habe es Angst, unterwegs verseucht zu werden.

Ich will aber nicht weiter von meiner Kaffeemaschine schwärmen, sonst kommen noch Leute vorbei und wollen probieren, wie der Kaffee schmeckt.

Man mag sagen, es gab kein Material, es durfte nach Plan immer nur so und so viel produziert werden, es herrschte ja Mangelwirtschaft und deshalb Reparatur statt Neuerwerb.

Wenn die Mangelwirtschaft dazu führte, dass es keine Überproduktion gab, dass in dieser Hinsicht umweltbewusster produziert wurde, wenn auch die Herstellung selbst mitunter umweltschädlicher war, dass Qualitätsarbeit in den Handel kam, dass kostengünstig repariert wurde und somit Schrott vermieden werden konnte, dann mag ich dieser Mangelwirtschaft eine positive Komponente nicht absprechen.

Jetzt lebe ich in einer Wegwerfgesellschaft, bin dazu nicht erzogen, dafür deshalb oft belächelt worden. Kinder der Marktwirtschaft öffnen leichter mal eine Mülltonne. Es kann dauern, bis das in den Köpfen »repairt« ist.

DER TEURO

Es musste nicht viel Zeit nach seiner Einführung ins Land gehen, da taufte das gemeine Volk den Euro in Teuro um.

Mit der geplanten Einheitswährung kam ins Gespräch, ob wir die überhaupt bräuchten. Ja, versuchten Politiker zu überzeugen, denn unsere Wirtschaft würde einen ungeheuren Aufschwung nehmen, die Exporte würden steigen und nicht zu vergessen, wir, die im Urlaub in andere Länder reisten, müssten dann nicht mehr den lästigen Geldumtausch vornehmen. Welche Freiheit das wäre.

Warum kommen mir bei dem Begriff Freiheit andere Wertvorstellungen in den Sinn als monetäre und materielle Verknüpfungen, wie sie von den Euro-Köchen als Würzmischung verwendet werden, um die Euro-Suppe schmackhafter zu machen? Gegenwärtig, da wir diese missratene Suppe auslöffeln müssen, wird die Frage nach dem Sinn des Euros vermehrt gestellt. Ein Bestsellerautor hat dieser provokanten Frage ein ganzes Buch gewidmet und geriet prompt, wie beim abgeschafften Deutschland, in den Würgegriff der Befürworter der Euro-Währungs-Wirtschaft.

Man wird doch wohl mal fragen dürfen, wenn überall im Land den Kämmerern die Tränen in die Augen schießen, wie den Mäusen vor leeren Speisekammern.

Man wird doch wohl mal fragen dürfen, wenn Deutschland über zwei Billionen Euro Schulden hat und trotzdem für andere Pleiteländer und deren Banken, Milliarden Euro zur Rettung locker macht. (Ich musste mich erst einmal schlau machen, wie zwei Billionen auf dem Papier aussehen: 2 000 000 000 000.)

Man wird doch noch mal fragen dürfen, wie viele Milliarden die deutsche Regierung noch in den Sand setzen will, bevor sie dem Euro adieu sagt.

Wir brauchen den Euro, sagen Vertreter der Großindustrie, durch ihn seien wir besser aus der Wirtschaftskrise gekommen und durch Investitionen hätten 9 Millionen neue Jobs geschaffen werden können. Die Abschaffung des Euros, so das Industriellen-Menetekel, wäre mit einer Aufwertung der deutschen Währung und der Abwertung der anderen Währungen verbunden, mit Wettbewerbsverzerrung und steigender Arbeitslosigkeit.

Wenn ich die Lebenshaltungskosten der meisten Deutschen aus den entsprechenden Analysen richtig deute, sind die wenigsten von ihnen gut mit dem Euro aus der Wirtschaftskrise gekommen. Und von den neuen Arbeitsplätzen scheinen auch nicht besonders viele in Deutschland hängen geblieben zu sein.

Warum müssen wir Banken retten?

Finanzexperten werden mir Naivität vorwerfen, wenn ich für mich folgende Antwort finde:

Die zwei Billionen Euro Schulden muss die Regierung bei Banken, Versicherungen und anderen Finanzjongleuren abstottern. Gehen die Pleite, müsste der Insolvenzverwalter erst einmal die Außenstände eintreiben. Darunter wären auch die der Regierung. Ha, ha! Greifen sie mal einem nackten Mann in die Taschen. Vater Staat wäre ebenfalls zahlungsunfähig, die gesamte Regierung und alle Hofschranzen gar arbeitslos. Soweit darf es nicht kommen! Wir rufen um Hilfe. Aber keiner ist da, der uns was geben könnte. Sieh mal einer an, die reichen Deutschen sind pleite. Die, die alle gern die Taschen aufgehalten haben, wenn die Bundesrepublikaner ihre Spendierhosen anhatten, sie rufen »wir haben doch selber nichts!« Gegen den Finanz-Tsunami wird ein Schirm gespannt, der Rettungsschirm. Die europäische Finanzgülle steht allen Ländern bis an den gierigen Schlund. Deshalb wohl muss ich bei Fiskalpakt immer an Fäkalpakt denken. In Wirklichkeit rettet die Regierung das System und ihren eigenen Arsch. Aber mein

Erspartes bei den Banken würde ja auch gerettet, kann mir entgegengehalten werden. Da muss ich enttäuschen. Mein Geld, wie das Millionen anderer Sparer, liegt nicht bei den Banken, mit denen Regierungen Geschäfte zu machen pflegen.

Die Bundesrepublik Deutschland hat 2 Billionen Euro Schulden. Die DDR soll 1987, kurz vor ihrem Ende, umgerechnet 172 Milliarden Euro Schulden gehabt haben. Zur Zahlungsunfähigkeit kam die politische Pleite.

Alles nur eine Frage der Zeit!

Die Apotheken-Mellmern

Ich muss aufklären. In unserer sächsischen Familie wurde jemand, der sehr, sehr neugierig war, immer alles von anderen Personen wissen musste und das dann schnell in Umlauf brachte, als »alte Mellmern« bezeichnet, egal ob Männlein oder Weiblein.

Daran wurde ich erinnert, als im Fernsehen eine Werbung über Apotheken lief:

Eine Frau bedankt sich beim Apotheker für den guten Tipp. In dem Moment betritt eine andere Frau den Verkaufsraum, hört das und möchte vom Pharmazeuten wissen, was denn der Tipp gewesen sei. Das ist die Mellmern. Nun sollte der Herr über Salben, Tinkturen und Pillen die Frau höflich darauf aufmerksam machen, dass sie das einen feuchten Kehricht angeht. Denkste! Nein, er gibt bereitwillig Auskunft. Dabei gehört der Apotheker zu jenen Berufsgruppen, die der Verschwiegenheitspflicht unterliegen. Schließlich kann ich aus dem preisgegebenen Tipp schlussfolgern, woran oder worunter die ratsuchende Person leiden könnte. Spekulationen wären Tür und Tor geöffnet. Ein gefundenes Fressen für alle alten Mellmern.

Gerade deshalb wurden in sensiblen Verkaufs- oder Beratungsbereichen die Schilder »Bitte Abstand halten« oder »Diskretion bitte« aufgestellt. Der Apotheker hat die mentale Diskretion vermissen lassen.

Was bei der Supermarkt-Kassiererin witzig war, die in der Werbung beim Abkassieren eines Kunden lautstark über alle Laufbänder die Kollegin fragt »Elvira, was kosten die Kondome?«, gerät beim Werbeapotheker zum Datenverrat.

Ich gehöre nicht zu den Menschen, die der Werbung hundertprozentig vertrauen. So glaube ich nicht, dass sich Erdmännchen bei der Annäherung eines bestimmten Autotyps wirklich in den Frack werfen. Doch das ist witzig und gefällt mir. Und sollte ich mir jemals ein solches Fahrzeug zulegen, würde ich beim Autohändler in jener Aufmachung erscheinen. Ob der das dann als Gag verstehen oder mir mangels Vertrauenswürdigkeit kein Auto verkaufen würde, sei dahingestellt.

»Lesen was gesund macht« mag in Ordnung gehen, sehen was dumm macht, sollte untersagt sein, aus berufsethischen Gründen der PR-Branche.

Wenn die von mir bemängelte Apothekenwerbung in der Praxis Schule macht, wie sicher kann ich dann sein, dass mein Banker mir zum Abschied nicht hinterherruft, ich solle daran denken, dass mein Dispo schon lange überzogen ist, oder mich in der Apotheke meines Vertrauens am Ausgang der Ruf ereilt: »Herr Feldmann, Sie haben Ihr Viagra vergessen!«

Du ju spiek Deutsch?

Deutschland sei ein großes Leseland, habe ich gelesen. Am meisten lese man die Etiketten auf Lebensmitteln.

Als Heinrich Heine aus längerem Exil in Frankreich nach Deutschland zurückkehrte und die deutsche Sprache vernahm, sei ihm seltsam zumute gewesen, »als ob das Herz recht angenehm verblute«, schreibt er in »Deutschland, ein Wintermärchen«.

Eine Sentimentalität solcherart ist heute wohl kaum noch anzutreffen. In fast allen Ländern Europas trifft der deutsche Tourist auf Einheimische, die sich mit ihm in seiner Muttersprache verständigen. Zwar wundert sich der eine oder andere, warum sein deutsches Gegenüber nicht so spricht, wie er es in der Schule, am Goethe-Institut oder während seines Deutschlandaufenthaltes gelernt hat, und gefragt wird *»wie ich komme zum Museum?«,* gibt aber trotzdem freundlich Auskunft und lässt einen erstaunten Touri zurück ob des perfekten Deutsch des Befragten und kommt manchmal sogar zu dem einsichtigen Gedanken, vielleicht mal eine Fremdsprache zu erlernen. Meistens bleibt es bei dem Gedanken, jedenfalls war das bisher bei mir der Fall. Aber ein Wörterbuch für Übersetzungen in der Sprache meines Reiselandes habe ich meistens dabei.

Zurück in Deutschland nähere ich mich zwar nicht ganz den Empfindungen Heines, doch das Herz verblutet oft recht unangenehm, wenn ich die deutsche Sprache vernehme.

Nicht nur das gesprochene, sondern auch das gedruckte Wort, scheint die Forderung eines christlich-sozialen Politikers zu rechtfertigen, die deutsche Sprache müsse ins Grundgesetz aufgenommen werden.

Ich unterschreibe dessen Forderung, den Schutz der deutschen Sprache im Grundgesetz zu verankern, und dass der Respekt vor unserer deutschen Sprache Respekt vor unserer Kultur und unserem Lande sei, der von allen eingefordert werden müsse, die in unserem Lande leben. Wer sich der deutschen Sprache verweigere, so der Politiker, verweigere sich der Integration.

Integration in eine Gesellschaft ist nicht nur eine Angelegenheit von Migranten, wie Ausländer heutzutage genannt werden, wenn man die Dinge nicht beim Namen nennen will. In eine Gesellschaft integrieren müssen sich alle Menschen. Deshalb liegt für mich die Betonung auf alle, wenn Respekt eingefordert wird. Zu »Allen« gehören auch die Deutschen.

Wenn wir die deutsche Sprache ins Grundgesetz aufnehmen wollen, gehört dann nicht zuerst einmal das Recht auf Bildung darin verankert? Das wird nämlich nicht ausdrücklich erwähnt. Dagegengehalten werden kann, dass wir ja eine Schulpflicht hätten. Schulpflicht und Bildung sind aber nicht identisch. Wie sonst käme es dazu, dass händeringend Fachkräfte im Ausland angeworben werden müssen, weil versäumt wurde, entsprechenden Nachwuchs im eigenen Land auszubilden? Oder sind unsere Nachkommen zu doof? Gelegentlich wird das von Betrieben bejaht, die dringend Auszubildende suchen. Wollen wir nicht mehr eine gebildete Nation sein? Ich muss allerdings zugeben, dass ich mich nicht genau erinnere, wann ich den Begriff von der gebildeten Nation in mein Vokabular aufgenommen habe: war es vor oder nach 1990. Reicht uns vielleicht eine kleine Elite? Ist der Rest dann das greinende Volk, der dumme Michel?

Gegen die Anstrengungen, die von Wirtschaftlern und Politikern unternommen werden, um bürokratische Hürden zu beseitigen und damit ausländischen Fachkräften eine Arbeitsaufnahme in Deutschland zu erleichtern, ist nichts einzuwenden. Vielleicht stoßen sie bei dieser Gelegenheit auf weitere abdeckerreife Amtsschimmel. Wieso aber haben andere Länder die Fachkräfte, die wir nicht haben? Was wurde versäumt? Wird den Lernenden das Falsche gelehrt? Hemmt eine föderalistische Schulpolitik?

Als ich von den Neuerungen für das Schuljahr 2011/2012 hörte, musste ich an Opernsängerin Edda Moser denken. Die Professorin der Kölner Musikhochschule engagiert sich für den Erhalt der deutschen Sprache und gründete das »Festspiel der Deutschen Sprache«. Diese Sprache, so sagt sie, sei ein gedemütigter und misshandelter Freund, der gerettet werden müsse, die deutsche Sprache dürfe nicht verkümmern. Mit Genugtuung wird sie zur Kenntnis genommen haben, wenn es auch noch kein Grund zum Aufatmen ist, dass mit dem Schuljahr 2011/12 von den Schülern bis zum Ende der vierten Klasse ein verbindlicher Wortschatz von 700 Wörtern verlangt wird. Frau Professor Moser hatte bei einer Bahnfahrt selbst erlebt, wie schlecht es um die deutsche Sprache bestellt ist. Die Leute in ihrem Zugabteil hätten in ihrer Unterhaltung während der dreistündigen Fahrt nicht mehr als 20 verschiedene Wörter gebraucht.

Ein Volk, das stolz auf sein Land der Dichter und Denker und der viel bejubelten und laut gepriesenen Nobelpreisträger war, ist und weiter sein will, sollte sich über mehr als Einreisevisa Gedanken machen.

Überlegungen, die vor allem unseren Medien gut zu Gesicht stünden.

Seit ich von der Eulenspiegel Verlagsgruppe die Möglichkeit bekam, Texte von Hansgeorg Stengel zu schlechtem Deutsch in der Öffentlichkeit bekannt zu machen, versuche ich meine noch immer unvollständigen Deutschkenntnisse aufzufrischen. Sie reichen mittlerweile aus, um über Gesagtes und Geschriebenes in den Medien den Kopf zu schütteln. Meine grauen Haare sind dem Alter geschuldet,

könnten aber durchaus auch eine Folge medialen Schwach-
sinns in deutscher Sprache sein.

In einer Ausgabe einer Berliner Zeitung, in deren Re-
daktionen, als sie noch unter dem Namen »BZ am Abend«
erschien, sehr gute Journalisten ihre Arbeit verrichteten,
fand ich über 15 Fehler! Einige bezeichnet man irreführend
als Druckfehler. Als gelernter Buchdrucker verwahre ich
mich gegen derartige Unterstellungen. Denn falsche Wort-
trennungen oder Buchstabendreher entstehen nicht beim
Drucken sondern Setzen, in welcher moderneren Form als
mit Setzkasten und Winkelhaken das heute auch immer
geschieht. Nein, es sind zumeist die geistigen Fehler, die
schwarz auf weiß nachzulesen oder zu hören sind, die den
Gedanken aufkommen lassen, die Autoren beherrschen
nicht ihr Handwerkszeug, ihre Muttersprache.

Über die Trotz-und-wegen-Sünder, die mit dem Dativ
dem Genetiv den Tod bescheren, nur weil der Duden barm-
herzig ist und in der Umgangssprache Dativ-Gnade walten
lässt, scheint sich in den Redaktionsstuben keiner mehr
aufzuregen. Immer wieder muss ich auch feststellen, dass
der Unterschied zwischen Einzahl und Mehrzahl vielen
Journalisten mehr Schwierigkeiten bereitet als Schülern
der 7. Klasse.

In diesem Zusammenhang ist mir bei der sprechenden
Zunft aufgefallen, dass sie erhebliche Probleme mit den
USA haben. Da war z.B. beim Fußball einmal davon die
Rede, dass »die USA Ghana schlägt«, wo sie sie doch hät-
ten schlagen müssen. Kein Einzelfall: »... zwischen Italien
und der USA«.

In einem Artikel zur Übertragung von Krankheitskeimen
wurde die sprachliche Hygiene arg vernachlässigt. »Wird
dann Mund, Nase und Augen berührt, gelangen ...«

Viele Menschen stellen sich die Frage, warum deutsche
Sänger ihre Schlager in englischer Sprache singen. Weil
sprachliche Fehler da nicht so zu hören sind? Das könnte

eine Erklärung sein. Schließlich liefern Schlagerklassiker Beweise dafür. Für »Marmor, Stein und Eisen bricht« von Drafi Deutscher, soll es 1965 in Bayern sogar ein Verbot gegeben haben, den Titel im Radio zu spielen. Begründung: es müsse heißen »Marmor, Stein und Eisen brechen.« Wo sie recht haben, haben sie recht, die Bayern. So kleinlich sind die Bajuwaren heute nicht mehr, sonst hätten etliche Politiker Redeverbot.

Auch in Hansgeorg Stengels Lektionen zu gutem und schlechtem Deutsch findet sich ein Schlagerbeispiel. Roland Kaiser prahlt mit einprägsamer Melodie, dass ihm sieben Fässer Wein nicht gefährlich werden könnten. Da wäre ich mir nicht so sicher, denn auf alle Fälle hat der Text einen grammatischen Schwips. Nach Stengel müsste es richtig heißen, »sieben Fass Wein«. Denn, so die Erklärung, unterscheiden sich Einzahl und Mehrzahl eines Gefäßes deutlich »Fass – Fässer« benutzt man in der Regel die Einzahl als Maßeinheit.

Einen Einzahl-Mehrzahl-Faupax will ich noch erwähnen, weil er für den Betreffenden böse Folgen haben könnte.

Erich Honecker hatte einst verkündet »Den Sozialismus in seinem Lauf hält weder Ochs noch Esel auf!« Allein bei solch schlechtem Deutsch musste der Lauf zu Ende gehen. Die Mehrzahl »halten« wäre richtig gewesen. Die Rettung hätte das wohl auch nicht gebracht. Vielmehr wollte eine Mehrheit die Minderheit nicht mehr. Nun wiederholte in Berlin eine Zeitung den Spruch etwas abgewandelt: »Union in seinem Lauf hält weder Ochs noch Esel auf!« Vorsicht ihr »Eisernen«. Glaubt nicht an solche Sprüche.

Seit langem hält sich der Duden als Sachbuch in den Bestsellerlisten auf den vorderen Plätzen, mal ist es der vierte, mal der sechste Platz. Viele Journalisten scheinen dazu nicht beigetragen zu haben.

In meinem Lehrbetrieb, dem Bibliographischen Institut F.A. Brockhaus, hatte 1818 die Herausgabe des Buches

»Die Welt als Wille und Vorstellung« von Arthur Schopenhauer zu erheblichen Verspätungen geführt und konnte nicht rechtzeitig zur Leipziger Buchmesse erscheinen. Der Philosoph verstand sich als Bewahrer der deutschen Sprache, kämpfte gegen jegliche Setzfehler, verbat sich Änderungen seines Manuskriptes, vor allem die Anpassung an den zeitgenössischen Sprachgebrauch. Das mag pedantisch anmuten und wer Schopenhauers Forderungen an seinen Verleger in der heutigen Zeit in der Redaktion realisiert sehen wollte, müsste auch mit erheblicher Verspätung des Erscheinens seiner Zeitung rechnen. Wir könnten uns aber diese Worte Schopenhauers zu Herzen nehmen:

»Wer nachlässig schreibt, legt dadurch das Bekenntnis ab, dass er selbst seinen Gedanken keinen großen Wert beilegt ... Wie aber Vernachlässigung des Anzugs Geringschätzung der Gesellschaft, in die man tritt, verrät, so bezeugt flüchtiger, nachlässiger, schlechter Stil eine beleidigende Geringschätzung des Lesers.«

Noch etwas zum gesprochenen Wort:

Während meiner aktiven Sprecherzeit in Rundfunk und Fernsehen gab es Fachleute, Experten, wie z.B. Sprecherzieher, die uns auf Sprachschludereien aufmerksam machten. Gibt es sie heute noch in den Medien und können sie Einfluss nehmen auf glottale Entgleisungen?

Schon lande ich wieder bei der Mehrzahl, und zwar der Mehrzahl des Wortes Stadt. Meine Verwunderung ist groß, dass ich sogar von Starmoderatoren immer wieder »Stätte« vernehmen muss. Stätte sind aber etwas ganz anderes als Städte, die lang und gedehnt gesprochen werden, wie wohl sich in ihnen viele Stätte befinden können, wie Gedenkstätten oder Grabstätten, in denen ganz schnell der sprachfehlerhafte Stadtplural beigesetzt werden sollte.

Die Beisetzung der ig-Endungen, die als ik und nicht als ich-Auslaute gesprochen werden, ist wohl nur in einem Massengrab möglich. Ich sehe es den Bayern nach, dass sie gern von ihrem Könik Ludwik sprechen. Im Fernsehen und Rundfunk sollten aber bitteschön die deutschen Ausspracheregeln beachtet werden. Danach bleibt es beim König, wird bestätigt und auch der Honig wird so richtig gesprochen. Das Reich allerdings in dem ein König herrscht, wird ein Könikreich. Ja, ja, deutsche Sprach – schwere Sprach. Wer aber die Sprache beruflich zu seinem Handwerkszeug macht, sollte sie erlernen! Nicht von ungefähr nannte Hansgeorg Stengel sein Buch zur Sprachpflege »Wer lernt mir Deutsch?«

Es ist nicht alles schlecht

Mit der Verkündung einer Verfassung der Bundesrepublik Deutschland am 23. Mai 1949 stand das Gründungsdatum der BRD fest. Bislang galt im Nachkriegsdeutschland das Besatzungsrecht, nunmehr durften die Hohen Kommissare des Alliierten Kontrollrates weiterhin ein gewichtiges Wörtchen mitreden.

Der ehemalige Waffenbruder im Kampf gegen Hitlerdeutschland, die Sowjetunion, wollte nicht nachstehen und gab nun seinen Vasallen ebenfalls eine staatliche Grundlage. Am 7. Oktober 1949 wurde die DDR gegründet. Mit dem Bestand zweier deutscher Staaten, von denen jeder behauptete, der bessere Staat zu sein, und mit den Auswirkungen des Wirtschaftswunders, hohes wirtschaftliches Wachstum, Vollbeschäftigung und Wohlstand, schien das für die Mai-Republik auch so auszusehen, verschärfte sich der Kalte Krieg zwischen den Siegermächten und demzufolge auch zwischen den Brüdern und Schwestern deutscher Herkunft. Der Koreakrieg der USA lieferte eine weitere Begründung, der Bundesrepublik Deutschland 1955 die Aufstellung einer neuen Armee zu erlauben. Zur Erinnerung: das Potsdamer Abkommen, das das untersagte, war nach wie vor in Kraft. Das hatte aber Adenauer und die Hohen Kommissare schon 1952 nicht gestört, als die BRD der Europäischen Verteidigungsgemeinschaft beitrat. Zum NATO-Beitritt braucht man schließlich eine Armee, da kann man nicht mit einem Grenzschutz antreten. So dachten wohl auch Moskau und Berlin und ließen 1956 die NVA statt der Kasernierten Volkspolizei marschieren. Sahen die Einen eine Gefahr aus dem Osten, waren die Anderen der Meinung, dass der Frieden bewaffnet sein muss.

Die Wiederbewaffnung wurde nicht widerstandslos hingenommen, wenigstens nicht in der Bundesrepublik. In der

DDR wechselte man fast lautlos von der Khakiuniform in die mausgrauen Farben der ehemaligen deutschen Wehrmacht.

1956 ließ die BRD ihre übernommenen Nazijuristen wieder das tun, worin sie Erfahrung hatten: Kommunisten verfolgen. Die Kommunistische Partei wurde verboten. Zwar sträubten sich anfänglich noch die Verfassungsrichter gegen ein solches Urteil, spürten jedoch den politischen Druck und urteilten schließlich nach reinem Wissen und Gewissen gegen die im Bundestag sitzende Partei. Ein Schelm, wer Schlechtes dabei denkt, warum heutzutage ein Verbot rechter Parteien schwierig ist.

Was bei den Prozessen gegen KPD-Mitglieder in den Gerichtssälen an Gesinnungsstrafrecht vollführt wurde, war eine Vorwegnahme der später beschlossenen Notstandsgesetze, die Regelungen für einen Verteidigungs- oder Spannungsfall vorsahen und bei einem inneren Notstand oder einer Katastrophe die Grundrechte einschränken konnten.

Als im Juli 2011 die Bundesrepublik Deutschland die Präsidentschaft im UN-Sicherheitsrat übernahm, wer konnte sich da noch daran erinnern, dass 1973 die CDU/CSU-Fraktion im Bundestag den Beitritt in die UNO ablehnte. Rainer Barzel, der als Partei- und Fraktionsvorsitzender, seine Partei um die Zustimmung zum Beitritt gebeten hatte, trat daraufhin von seinen Parteiämtern zurück. Klar, dass die CDU/CSU gegen den Beitritt war. Schließlich sollte nicht nur die Bundesrepublik Deutschland als 133. Mitglied in die Vereinten Nationen aufgenommen werden, gleichzeitig schrieb sich nämlich der 134. Staat als Mitglied ein, und das war die Deutsche Demokratische Republik.

Wer weiß noch etwas mit dem Begriff »NATO-Doppelbeschluss« anzufangen?

Das Dokument von 1979 besteht aus zwei Teilen. Einmal wurden dem Warschauer Pakt Verhandlungen angeboten über eine beidseitig begrenzte Stationierung amerikanischer und sowjetischer atomarer Mittelstreckenraketen. Der Haken für den Osten dabei war, dass die entsprechenden englischen und französischen Waffensysteme davon ausgenommen waren. Im zweiten Teil des Beschlusses wurden die Modernisierung und Aufstellung neuer Marschflugkörper mittlerer Reichweite in Westeuropa angekündigt. Die Verhandlungen mit dem Warschauer Pakt scheiterten, die Raketen wurden aufgestellt, der Osten tat gleiches, und erst 1987 vereinbarten die USA und die Sowjetunion den Rückzug, die Vernichtung und das Produktionsverbot aller Raketen mittlerer und kürzerer Reichweite in Europa.

Noch heute sollen in der Bundesrepublik 20 nukleare Sprengköpfe lagern. In dem Teil Deutschlands, in dem die Russen einst lagerten und stationierten, ist eine atomwaffenfreie Zone.

Zwischen Aufrüstung West und Aufrüstung Ost gab es natürlich Unterschiede. Während im Westen das demokratische Recht wahrgenommen wurde, dagegen zu protestieren und zu demonstrieren, auf Friedenskundgebungen aufrüttelnde Reden zu halten, blieb die friedliebende DDR-Bevölkerung relativ ruhig. Man verließ sich da ganz auf den Staat, denn der war offiziell auch gegen die Aufrüstung, aber natürlich müsse man gewappnet sein, sowjetische Abrüstungsvorschläge jedoch fanden ihre Unterstützung. Nun glaubten wiederum einige Bürger, ihre Regierung ausgerechnet mit einem Bibelzitat bei der Abrüstung unterstützen zu müssen: »Schwerter zu Pflugscharen!« Doch da verstanden die Regierenden und die für die Sicherheit des Staates Zuständigen keinen Spaß. Schließlich waren sie Schild und Schwert der Partei. Nur Schild, nein, das wollten sie nicht sein. Trotz aller Proteste hüben wie drüben, es wurde aufgerüstet. Und so entsprachen beide Systeme wieder einmal ihren Grundsätzen: im Westen durfte man protestieren und alles sagen – es änderte sich nichts. Im

Osten durfte man nicht protestieren und nichts sagen, und es änderte sich auch nichts. Einmal hielten sich Bürger der DDR nicht an das Protestdemoverbot und brachten die sozialistische Republik zu Fall. Damit haben die Ossis den Wessis voraus, dass eine friedliche Demonstration ein ganzes System veränderte. Vom Osten lernen, heißt siegen lernen.

Stellen wir uns einmal vor, die Regierungen dieser Welt, zumindest die christlich geprägten, würden die Bibel ernst nehmen, trotz der Trennung von Kirche und Staat. »Sie werden ihre Schwerter zu Pflugscharen und ihre Spieße zu Sicheln machen. Kein Volk wird gegen das andere das Schwert erheben und sie werden fortan nicht mehr lernen, Krieg zu führen. Ein jeder wird unter seinem Weinstock und Feigenbaum wohnen und niemand wird sie schrecken.«

Der asoziale DDR-Bürger, so bezeichnete man jene Ossis, die keine Westverwandten und kein Westgeld hatten, lernte seine Brüder und Schwestern gelegentlich bei Auslandsreisen in die sozialistischen Länder kennen. Da trafen sie auf die wahren Deutschen, selbstbewusst, hervorgerufen durch die richtige Währung, und einem Verhalten gegenüber den Einheimischen des Gastlandes, für das sie in Spanien oder Italien längst eins aufs Großmaul bekommen hätten. Gelegentlich bekam der DDR-Bürger die Überlegenheit der westlichen Währung in heimischen Nobellokalen zu spüren. Während er geduldig auf seine Platzierung wartete, vollbrachte ein vom Zwangsumtausch übrig gebliebener Schein Wunder: ein Reservierungsschild verschwand und schuf Platz für die Westverwandtschaft. Liebe Ossis, schimpft nicht auf Korruption und Amigo-Affären der heutigen Zeit – im kleinen Stil können wir durchaus mitreden. Auch in einer Mangelwirtschaft blüht die Kleinkriminalität.

Mangelwirtschaft, dieses Wort ist keine Vokabel mehr für die heutige Zeit. Was heute produziert wird, gibt es auch zu kaufen, und trotzdem sind wir Exportweltmeister. Längst kaufen wir nicht mehr die Bananen staudenweise, es gibt sie ja jeden Tag, wir planen, welche Automarke wir demnächst fahren werden und denken dabei an kürzere Wartezeiten als zehn oder fünfzehn Jahre. Und wer will und kann, fährt in den Urlaub, wohin er möchte. Jetzt leben wir wie einst unsere Westverwandten, benehmen uns manchmal schon so wie sie, wir sind ja jetzt wieder wer, und sind angekommen in dieser nun auch unseren Bundesrepublik Deutschland, die ebenfalls nicht nur eine positive Vergangenheit hat – aber ich stelle fest: es ist nicht alles schlecht!

Für das Leben lernen wir

Meine Spielkameraden waren, was die Schulbildung betraf, gemischt. Es gab Volksschüler, von denen ich einer war, und es gab Mittelschüler, die zum Abitur strebten. Vielleicht sollte ich weniger von Schul*bildung* als vielmehr von Schul-*besuch* schreiben. Denn für meine Begriffe waren für damalige Verhältnisse weder die einen schlauer noch die anderen dümmer. Die Klugscheißerei der Mittelschüler, sich immer mal wieder mit schlauen Sprüchen hervortun zu wollen, hielt sich die Waage mit den Weisheiten der Volksschüler aus höheren Klassen. Im Deutschunterricht wurde den Lehrern gern vorgehalten, dass selbst Goethe seine Muttersprache nicht hundertprozentig beherrscht habe, denn schließlich lasse er im »Faust« sagen: »Da steh ich nun, ich armer Tor, und bin so klug *als wie* zuvor.« »Als wie« – hatten nicht Sie, Herr Lehrer, uns erklärt, dass da der Rotstift angesetzt werden müsse? Es war die Aufmüpfigkeit von Halbwüchsigen. Natürlich wussten wir, dass zu Goethes Zeiten anders gesprochen wurde, und wir lernten später dazu, dass einheitliche, deutsche Sprachregeln, erst knapp 50 Jahre nach Goethe durch Konrad Duden veröffentlicht wurden.

Verbreitet durch alle Schularten war die Meinung, dass wir Dinge lernten, die wir nie wieder im Leben benötigen würden. Da galten die Erfahrungen der Großväter und Väter auf einmal wieder etwas, »die Hauptsache, du kannst Lesen, Schreiben und Rechnen, denn nicht für die Schule, sondern für das Leben lernen wir!«

Damals hatte ich noch nicht das Internetwissen von heute, wusste nicht, dass dieser Satz nur bedingt dem römischen Philosophen Seneca zugeordnet werden kann, sondern er eine verdrehte Version seiner Zustandskritik ist »nicht für das Leben, sondern für die Schule lernen wir!«

Jeder von uns weiß nur zu gut, dass mit guter Schulbildung allein das Leben nicht zu meistern ist. Die Schule selbst scheint sich das auch einzugestehen, wenn in die Lehrpläne »Hamlet« aufgenommen wird, dem Shakespeare die Worte in den Mund legt: »Es gibt mehr Dinge zwischen Himmel und Erde, als Eure Schulweisheit sich träumen lässt.«

Was ist mir geblieben nach all meinen Schulbesuchen, nach Volks- und Grundschule, Berufsschule und Studium?

Die Grundschule weckte die Lust zum Lesen, in der polygraphischen Berufsschule lernte ich, berufsbedingt, den respektvollen Umgang mit dem Buch und während des Studiums kam ich zu meiner Weltanschauung, von der heute nicht mehr alles, aber doch vieles Bestand für mich hat. Ich lernte nicht nur für das Leben, das Leben selbst lehrte mich, dass Erlerntes vergänglich sein kann, eine Theorie der Praxis auf Dauer nicht immer standhält. Wer dann noch eine Theorie zu einer unantastbaren Lehre erhebt, läuft Gefahr, im Dogma zu erstarren.

Ich musste mich mit Karl Marx beschäftigen. Es war nicht freiwillig, das Studium verlangte es. Heute bin ich froh, dass ich Einblick in seine Philosophie bekommen habe. Betrachte ich das aktuelle Weltgeschehen unter Hinzuziehung Marxscher Analysen zum kapitalistischen System, kann mich nichts überraschen. Erschüttern schon.

Sehr oft wird versucht, Unkundigen einzureden, die Theorien von Marx seien gescheitert, weil die DDR gescheitert sei. Da wird vergessen, dass Karl Marx in seinem bedeutendsten Werk, dem »Kapital«, eine Analyse des kapitalistischen Systems vorgenommen hat. Der real existierende Sozialismus kommt darin nicht vor.

Ich finde aber Erklärungen zur Arbeitslosigkeit und das Entstehen einer Reservearmee von ständig unbeschäftigten Arbeitern bei vermehrter Produktion oder ständigem Wachstum, wie heutzutage gern gesagt wird. So bestätigt die Gegenwart die Untersuchungen von Marx, »die Bewegungsform der modernen Industrie erwächst aus der beständigen Verwandlung eines Teils der Arbeiterbevölkerung in unbeschäftigte oder halbbeschäftigte Hände.« Die modernen Auswüchse dieser Situation kannte Marx noch nicht in allen Einzelheiten: Leiharbeit, Kampf um Mindestlohn, Lohndumping, Facharbeiterimport, Überstunden, 400-Euro-Jobs, Mobbing usw. Er wusste jedoch genau, wie der Kapitalist die noch beschäftigten Hände mit den unbeschäftigten erpressen kann. »Wenn es Ihnen nicht passt, es warten Hunderte auf Ihren Arbeitsplatz!«

Folge ich Marx, so wird die Verdammung eines Teils der Arbeiterklasse zu erzwungenem Müßiggang durch Überarbeit des anderen Teils, und umgekehrt, Bereicherungsmittel des einzelnen Kapitalisten und beschleunigt zugleich die Produktion der industriellen Reservearmee auf einem dem Fortschritt der gesellschaftlichen Akkumulation entsprechenden Maßstab.

Der Mechanismus der kapitalistischen Produktion sorgt dafür, so Karl Marx, dass der absolute Zuwachs von Kapital von keiner entsprechenden Steigerung der allgemeinen Arbeitsnachfrage begleitet ist.

Was ist mit der Finanzkrise? Es kann und soll nicht die Aufgabe dieser Abhandlung sein, einen Aufsatz über die Gültigkeit und Richtigkeit der »Kritik der Politischen Ökonomie« von Karl Marx zu verfassen. Das habe ich mehr als genug während des Studiums machen müssen. Interessierte können sich ja mal »Das Kapital« Band 3 vorknöpfen, da gibt es wunderbare Beispiele aus den 1840er Jahren, die heutigen Finanzmiseren sehr, sehr ähnlich sind.

Wer heute in Zeitungen oder Zeitschriften, in Rundfunk- oder Fernsehsendungen darüber informiert wird, dass die wenigen Reichen immer reicher und die Armen immer ärmer, nur in ihrer Anzahl immer reicher werden, findet bestätigt, was im »Kapital« steht, dass je größer der gesellschaftliche Reichtum, das funktionierende Kapital, Umfang und Energie seines Wachstums, desto größer die industrielle Reservearmee. »Die Akkumulation von Reichtum auf dem einen Pol ist also zugleich Akkumulation von Elend, Arbeitsqual, Sklaverei, Unwissenheit, Brutalisierung und moralische Degradation auf dem Gegenpol, d.h. auf der Seite der Klasse, die ihr eigenes Produkt als Kapital produziert.«

Allein mit diesem einen Satz kann ich Geschehnisse von heute analysieren.

Gut, dass ich das vor langer Zeit fürs Leben gelernt habe.

Haltet den Dieb!

Ein Fernsehmagazin lieferte wieder einmal »schockierende Enthüllungen«, wie ich einer Zeitung entnehmen konnte.

Was war geschehen?

Das Magazin hatte herausgefunden, dass die DDR-Regierung die Bürger gegen Devisen für Pharma-Experimente verkauft habe. Von 1985 bis 1989 sollen Westkonzerne neu entwickelte Medikamente an Ostpatienten getestet haben. Die Honecker-Regierung habe dafür Millionen an D-Mark kassiert. Die DDR-Bürger seien Versuchskaninchen gewesen, so ein Pharmakritiker, um Westbürger vor ungünstigen Medikamenten zu schützen. Ein Internet-Zeuge bestätigte dem Fernsehmagazin, dass er regelrecht gedrängt worden sei, ein Westmedikament einzunehmen. Nach der Einnahme habe sich sein Gesundheitszustand erheblich verschlechtert. Daraufhin setzte er das Mittel ab.

Nun ist die Tatsache, dass Patienten ohne ihr Wissen für Medikamentenversuche missbraucht werden, eine Schweinerei. Und ich plädiere dafür, dass Ärzte, die nachgewiesenermaßen solche Experimente durchgeführt haben, ihre Zulassung verlieren. Besonders seit dem Skandal mit Contergan wissen wir um die Gefährlichkeit unausgereifter Medikamente.

Journalisten, die solche Machenschaften aufdecken, gehört meine Hochachtung. Aber nicht jenen Jüngern der schreibenden Zunft, die sofort dabei sind, Pauschalurteile zu fällen. Gerade bei brisanten Themen sind Genauigkeit und Verzicht auf Übertreibung gefordert. Da muss der Journalist sein Handwerkszeug, seine Sprache beherrschen.

In der Zeitung heißt es: »Gegen Devisen verkaufte die DDR-Regierung *ihre* Bürger für Pharma-Experimente«.

Ihre Bürger waren zur damaligen Zeit ca. 16 Millionen Menschen. Es ist anzuzweifeln, dass die alle in die genannte Aktion einbezogen wurden. Ich schon mal nicht!

Nehme ich den Artikelschreiber beim Wort, dann haben Westkonzerne ihre gesamte Medikamente in der DDR testen lassen, denn es heißt wörtlich: »... testeten Westkonzerne *ihre* neu entwickelten Medikamente an Ostpatienten«. Vielleicht tue ich dem Kollegen aber auch unrecht und es wurde alles, wirklich alles im Osten getestet, denn an anderer Stelle ist zu lesen, dass u.a. *»die* Mittel gegen Angina, Depressionen, Diabetes und, und, und in der Charité getestet worden seien«. Sollte der Verfasser allerdings in den angesprochenen Fällen immer nur einige meinen, dann sollte er das auch deutlich sagen. Die deutsche Sprache bietet dafür Möglichkeiten. Einfach »ihre« und »die« weglassen, die Enthüllungen wären schlimm genug. Aber so werde ich als Leser den Verdacht nicht los, dass es in dem Artikel gar nicht um eine ehrliche Empörung gegen solche Machenschaften geht, sondern es soll überhaupt nur etwas gegen die DDR gesagt werden.

Wo bleibt denn in dem Artikel die Aufregung über die BRD-Pharmakonzerne, die gleich »Honecker und Co«, wie es heißt, die Taschen aufhielten, in den Apotheken und Kliniken nach den Experimenten, die möglicherweise zu noch nicht erkannten Schäden führten. Die Charité wird für eine skrupellose Praxis beim Namen genannt, die Lieferanten nicht. Die werfen wahrscheinlich einstweilige Verfügungen ins Aufklärungsgefecht, drohen mit Anwälten und Gerichten, um ernsthaften Untersuchungen zu entgehen, denen möglicherweise weitere schockierende Enthüllungen zu verdanken wären. So bleibt der investigative Artikel eine Fehlinvestition an Empörung, nach dem Motto des ertappten Räubers: »Haltet den Dieb«!

Hast' denn die Rute auch bei dir?

In meinen Weihnachtslesungen fehlt nicht der Brief der kleinen Virginia mit der Frage an den Chefredakteur der »Sun«, ob es denn wirklich einen Weihnachtsmann gebe. In der Antwort wird das kleine Mädchen in seinem Glauben an den Weihnachtsmann bestärkt, auch wenn andere Menschen ihn für nicht existent erklären.

Zugegeben, der Weihnachtsmann ist gegenüber dem Myraer Bischof Nikolaus eine Kunstfigur, die mit Geschenkesack und Rute die Kinder zu Weihnachten besucht, beschenkt und manchmal auch bestraft. In Deutschland und anderen protestantischen Gegenden gab es den Weihnachtsmann schon im 19. Jahrhundert, noch vor dem Coca-Cola-Rauschebart. Wer von den Kindern, wer von den Erwachsenen kennt sich aus mit Weihnachtsmann, Nikolaus oder Knecht Ruprecht?

Theodor Storm lässt den Ruprecht »von drauß' vom Walde« zu den Kindern kommen, mit der unpädagogischen Rute, »doch für die Kinder nur die schlechten, die sie trifft auf den Teil den rechten«. Und er legt Rechenschaft ab gegenüber dem »lieben Herre Christ«, dass seine »Reise fast zu Ende ist«. Und da sich das Himmelstor aufgetan hat und die »Kerzen fangen zu brennen an«, muss Storm als Zeitpunkt den Heiligen Abend meinen. Ist Ruprecht der Weihnachtsmann? Oder vereinen sich Nikolaus und Ruprecht im Weihnachtsmann?

Während im Oktober 2011 die Supermärkte schon mit Weihnachtsartikeln dekoriert waren, forderte das Bonifatiuswerk der deutschen Katholiken, den Weihnachtsmann zu verbannen und dafür den Nikolaus die Glöckchen klingeln zu lassen. Dem stellen die Kinder doch schon am 6. Dezember die Schuhe vor die Tür, traurig darüber, dass die nicht die Ausmaße von Papis Stiefeln haben.

Die weihnachtsmannfreie Zone sei aber mit Augenzwinkern zu betrachten, sagte ein Vertreter des Bonifatiuswerkes gegenüber Zeitungsjournalisten. Der Weihnachtsmann, wird kritisch angemerkt, verdecke die Sicht auf christliche Werte wie Nächstenliebe, Uneigennützigkeit und selbstloses Handeln.

Das Augenzwinkern geschieht aber ziemlich heftig, denn das Bonifatiuswerk nutzt alle Möglichkeiten des Internets, um den Nikolaus ins Verkaufsspiel zu bringen – als Schokoladenfigur, mit Bastelbögen und Anti-Weihnachtsmannbutton.

Wenn in unserem Land die Figur des Nikolaus, bis auf einen Tag im Dezember, fast in Vergessenheit geriet und dafür der Weihnachtsmann für die Kinder zum Star geworden ist, meinetwegen auch gemacht wurde, dann sollten wir nicht versuchen, diese Tradition schlecht zu reden. Die Menschen haben sich in ihrer Mehrheit seit Jahrzehnten für den Weihnachtsmann entschieden, haben gute und weniger gute Erinnerungen an ihn, wenn sie beim Aufsagen des Gedichtes stecken geblieben sind oder auf die obligatorische Frage, ob sie denn auch brav gewesen seien, nicht immer gleich die richtige Antwort wussten. Kessere Buben und Mädchen formulierten ihre Ansprüche mit den Worten:

Lieber guter Weihnachtsmann,
schau mich nicht so böse an,
mach nicht so viel Menkenke,
gib mir lieber die Geschenke!

Und es gibt ja regional noch viele Bräuche und Überlieferungen mit Nikoläusen und Ruprechten, die gepflegt werden.

Konzentrieren wir uns darauf, den christlichen Inhalten des Weihnachtsfestes auf den Wunschzetteln unserer Kinder Platz zu verschaffen. Die Menschen, die in der Weihnachtszeit durch Spenden, Hilfsorganisationen oder Vereine nicht abseits des Gabentisches stehen müssen, denen ist es wohl ziemlich gleichgültig, ob sie dem Weihnachtsmann oder dem Nikolaus ihre dankbaren Blicke schenken.

Ich stimme dem katholischen Hilfswerk zu, wenn es Kritik anbringt gegen die bereits im Sommer in den Supermärkten beginnende Adventszeit. Über so manchem Verkaufsartikel lag allerdings bislang der bischöfliche Nikolaus-Mantel des Schweigens.

Medien enthüllten, dass das Onlineangebot von »Weltbild« auf Sexkundschaft ausgerichtet sei. Der Verlag soll zu hundert Prozent den deutschen Diözesen der katholischen Kirche gehören und über 2500 erotische Titel im Angebot haben. Dem Berliner »Kurier« entnehme ich ein paar Titel: »Schlampen-Internat«, »Vögelbar«, »Nimm mich hier und nimm mich jetzt« oder »Sag Luder zu mir«. Das mach ich doch sofort, ihr Kardinäle und Bischöfe. Die Kirchenführer wissen natürlich mal wieder von nichts, obwohl ein katholischer Herausgeber und Verleger die kirchliche Obrigkeit bereits 2008 mit den Sex-Geschäften konfrontiert haben will. Das muss beim Klingeln von Millionen in der Kasse überhört worden sein.

Um noch einmal auf den Weihnachtsmann-Disput zurückzukommen: da wurde offeriert, dass sich jeder, der einen Nikolaus bastele, den Nikolaustag feiere oder sich auch anderswie gegen den Weihnachtsmann engagiere, auf der interaktiven Deutschlandkarte des Bonifatiuswerkes verewigen könne.

Ob es als Dankeschön fürs Mitmachen ein Buchpräsent gibt ‚konnte ich nicht ermitteln. Denkbar wäre: »Der bummsfidele Nikolaus leert gern im Puff sein Säcklein aus!«

Helau-Politiker

In jeder Partei gibt es Politiker, deren Äußerungen mich mitunter zu der Annahme verleiten, sie glaubten in einer Karnevalsbütt zu stehen. Für die FDP sitzt im Europäischen Parlament der griechisch-stämmige Abgeordnete Jorgo Chatzimarkakis. 2011 wurde ihm der Doktortitel aberkannt. Vorwurf: Plagiate. Nachdem er sich eigene Gedanken gemacht hat, kam er zu dem Ergebnis, dass Griechenland nicht länger so heißen könne, denn der Name stünde für ein kaputtes System. Er möchte das Land in »Hellas« umbenennen.

Der Mann besitzt zwei Staatsbürgerschaften, die deutsche und die griechische. Zu Griechenland hat er sich ausgelassen. Nun besteht die Gefahr, dass er auch noch Gedanken zu Deutschland absondert. Deutschland hat schließlich schon mehrere kaputte Systeme durchlebt. Wie wird er uns nennen wollen? Germanien vielleicht?

Auch wenn sich Griechenland in Hellas umbenennen sollte, Herr Chatzimarkakis wäre dann ein Hellene, keineswegs ein Heller.

Beim nächsten Büttenpolitiker muss ich das Erinnerungsvermögen strapazieren. Im Jahre 2010 wollte er Integrationsprobleme damit lösen, dass an deutschen Schulen Türkischunterricht eingeführt werden soll. Wie er die Sprachprobleme anderer Migrationsgruppen lösen will, bleibt das Geheimnis von Grünen-Chef Cem Özdemir. Er fällt dem Fernsehzuschauer besonders dadurch auf, dass er ständig mit einem übelnehmenden, wichtigtuerischen Gesichtsausdruck vor die Kamera tritt. Wahrscheinlich ist er mir und anderen böse, dass wir nicht vergessen können, dass er 2002 sein Amt als innenpolitischer Sprecher der Grünenfraktion niederlegen musste. Er hatte nämlich seine bislang für sauber gehaltene Umwelt mit einem Privatkredit von 80 000 € durch einen PR-Berater getrübt und außerdem dienstlich erworbene Bonusmeilen für private Zwecke genutzt.

Jeder hat eine zweite Chance verdient, heißt es. Die bekam Özdemir und ging 2004 ins EU-Parlament. Da sind die Bezüge höher als im Bundestag, was die Rückzahlung von Flugmeilen natürlich erleichtert. Seit 2008 ist er wieder einer der zwei Grünen-Vorsitzenden. Fehlt noch die zweite Chance bei der Bereicherung, die selbstverständlich gar keine war. Cem Özdemir, so konnte ich dem Magazin »Stern« entnehmen, besuchte 2011 mit einem für seine Spendierhosen bekannten Eventmanager das Fußballspiel Barcelona-Real Madrid. Von den Ticketkosten im Preis von 615,00 € übernahm der Grüne 119,00 €. Der Rest fiel aus den Taschen der Spendierhose. Und welch ein Zufall. Am Tag des Spieles traf sich der Politiker noch mit katalanischen Parteifreunden. Da konnten die Grünen natürlich nicht anders und mussten die Flugkosten übernehmen.

Die Umwelt könnte so sauber sein – ohne Grüne.

JAMMERLAPPEN

»Ich fühle mich in diesen Tagen auf die andere Seite der Gesellschaft katapultiert, ich gehöre nicht mehr dazu.«, lese ich in einem Interview, das Uli Hoeneß nach seinem Steuerbetrug der Zeitung »DIE ZEIT« gegeben hat.

Welche Seite der Gesellschaft meint der Wurst-Fabrikant und Sportmanager? Die der ehrlichen Steuerzahler? Zu denen wird er nicht gehören, auch wenn er sich mit einer Selbstanzeige allzu gern eine reine Weste verschafft hätte. Nun frisst er öffentlich Kreide, wahrscheinlich auch noch steuerlich absetzbar. Aber wäre es denn so schlimm, zu den Ehrlichen dieser Gesellschaft zu gehören. Die haben allerdings in den meisten Fällen nicht das Sagen.

Oder fühlt er sich mit dem Makel versehen, dass er sich mit Absicht hat erwischen lassen, eine Schleimspur der Abbitte durch Selbstanzeige hinter sich herziehend, quasi als Verräter? Vielleicht ist es nach Lage der Dinge auch nicht mehr vorteilhaft Hoeneß-Spezi zu sein, zu viel Nähe könnte verdächtig machen? Bloß keine schlafenden Hunde wecken und eine Steuerprüfung heraufbeschwören. Einige, die sich bild- und videomäßig gern mit dem Bayernmanager haben ablichten lassen, müssen selbst erst einmal wieder ins Reine kommen. Sie haben Probleme mit Beschäftigungsverhältnissen. Da wurde schnell mal die Ehefrau als Büroleiterin angestellt und fürstlich entlohnt. Natürlich nur, um damit die Frauenquote in leitenden Positionen zu verbessern. Wenn ich Hoeneß richtig verstanden habe, bedauert er, sich nicht mehr in der Suhle dieser ehrenwerten Gesellschaft wälzen zu können.

KEIN GOLDENER BODEN

Die Vorahnung hatte ich schon gelesen. Nun war eingetroffen, was abzuwenden noch erhofft wurde. Die Aussichtlosigkeit hatte aber mehr Realität als die Hoffnung. Castorf, der Eisenhändler in Berlin, schließt seinen Laden, nach 123 Jahren. Ich lernte den Ladeninhaber Werner Castorf 1965 kennen.

Für den Balkon meiner frischbezogenen Neubauwohnung brauchte ich eine Markise.

Eine Kollegin empfahl mir das Geschäft in der Pappelallee. Sie war mit der Familie Castorf befreundet. Längst hatte sich der Eisenhändler auf Rollos, Markisen und Jalousien spezialisiert. Artikel, die man in anderen einschlägigen Geschäften Berlins vergeblich suchte, Werner Castorf hatte sie und variantenreich dazu. Der Chef kam selbst ins Haus, nahm Maß, beriet und zeigte Möglichkeiten auf, haltbar und stabil. »Ich bau Ihnen das so, dass der Markisenstoff leicht ausgewechselt werden kann, wenn er verschlissen ist oder wenn er Ihnen nicht mehr gefällt, ohne dass Sie das ganze Gestänge abmontieren müssen,« offerierte der Fachmann. Dieser Service, die Qualitätsarbeit hatten einen viel zu guten Ruf. Der Betrieb war ausgelastet, Wartezeiten waren die Folge. Castorf konnte nicht immer wie er wollte, obwohl nicht nur das einfache Volk bei ihm Kunde war. Der Amtsschimmel wieherte auch vorm Laden in der Pappelallee. Wer bis zu zwei Millionen Mark der DDR Umsatz machte, dem schaute die Steuer gern mit einer Tiefenprüfung auf die Finger. Trotzdem, die Redewendung vom Handwerk mit dem goldenen Boden traf hier zu.

Wenn ich nunmehr lese, dass Werner Castorf sein Geschäft schließen musste, weil er mit den Mietzahlungen in Rückstand geraten war, treibt mich der Sarkasmus in die Bemerkung, dass er in der Sozialismus-Diktatur wahrscheinlich zum Wohlstand gezwungen wurde. Erst die Demokratie, die freie Marktwirtschaft schickte ihn in aller Freiheit in die Pleite.

Sicherlich, mit seinen 90 Jahren hat sich Werner Castorf seinen Ruhestand längst verdient. Den hätte ich ihm würdevoller gewünscht!

KURZNACHRICHTEN

Imageschaden

Die Kommunen sind knapp bei Kasse, sowohl in den Alten als auch in den Neuen Bundesländern. Das führt wieder einmal zu der Diskussion und Forderung, dass nun endlich Schluss damit sein müsse, dem »Osten« alles in den Hintern zu schieben. Der Soli muss weg! Im Osten würden manche Städte schon besser aussehen als einige im Westen. Na und, was wäre denn so schlimm daran, wenn das so wäre?

Die Diskussion um den Soli zeigt, dass ost- wie westwärts nur wenige wissen, worum es bei dieser, nunmehr zur Zwangsabgabe geratenen Sondersteuer, geht.

In die Wiege der deutschen Einheit gelegt, hat sie die Regierung Kohl. Kosten der Wiedervereinigung sollten zum Teil aufgefangen werden. Es war immer von einer vorübergehenden Abgabe die Rede. Gerichtsurteile bestätigten den begrenzten Charakter. Papier ist geduldig, mit den Jahren gingen auch die Regierungen ins Land, der Soli blieb. Er stopfte so manche Haushaltslöcher in den Etats der Finanzminister. Nix mit Finanzierung der Einheit. Der Soli muss nicht zweckgebunden dafür eingesetzt werden. Außerdem kann fast alles auf Kosten der Wiedervereinigung abgerechnet werden. Und wer nun in den einzelnen Bundesländern denkt, ihm stünde ein bestimmter Prozentsatz des Soliaufkommens zu, der hat sich aber gewaltig geschnitten. Wie an den Diskussionen erkennbar, ist der Glaube groß, dass mit den Soli-Milliarden der Aufbau Ost finanziert würde und der Westen in die Röhre guckt.

Ich spüre, dass der für die Einheit gedachte Soli heute mehr trennt als einigt. Das mag einigen vielleicht sogar recht sein, denn wie hieß es schon bei den alten Lateinern:

»Divide et impera« – Teile und herrsche! Ich halte es lieber mit Goethe:
»Entzwei und gebiete! Tüchtig Wort. – Verein und leite! Besserer Hort.«

Heim ins Reich

Günter Grass hat mit seinem Gedicht Aufsehen erregt. Antisemitismus wird ihm vorgeworfen. Allgemein wird beklagt, dass unsere Geistesgrößen sich zu wenig einmischen in die Probleme der Gesellschaft. Nun tut es einer und schon wird er beschimpft. Wie schon bei Sarazin gehen die Kritiker dabei am Kern vorbei. In diesem Falle, dass Deutschland jegliche militärische Bestrebungen bei der Lösung politischer Probleme unterstützt.

Ich bin gespannt, wie groß der Aufschrei nach den Äußerungen von Tom Buhrow bei der Sendung »Schlau wie die Tagesschau« am 07.04.2012 sein wird. Es ging bei einer Quizfrage darum, wer noch nie für Deutschland einen Grand Prix gewonnen habe. Gezeigt wurde u.a. Udo Jürgens. Der war es dann auch. Buhrow wusste aber, dass Udo mit »Merci Cherry« schon gewonnen hatte. Für Luxemburg, wurde er aufgeklärt. Ach, beklagte der Tagesthemen-Moderator, das sei aber auch ein Durcheinander mit dem deutschsprachigen Raum. Letzten Endes seien wir doch alle Deutsche. Ja, Herr Buhrow, das hat schon mal Einer so gesehen und der war sogar Österreicher. Nicht sehr schlau bei der Tagesschau.

Armutszeugnis
(»Das perfekte Promi-Diner« 08.04.2012, VOX)

Schauspieler Arved Birnbaum, Tatortkommissar, ist ein Wossi, wie er selbst sagt, also ein Wessi, der ursprünglich aus dem Osten kommt. In einer der Sendungen »Das perfekte Promi-Diner« servierte er u.a. Soljanka. Das sei eine Suppe, so erklärte er seinen mit mangelhaftem Ostwissen ausgestatteten Dinergästen, die in der DDR als Arme-Leute-Essen galt, weil man dazu Wurst nahm, der schon das Verfallsdatum anzumerken war. Was hat der denn noch alles gefressen, um ein solch geistiges Verfallsdatum zu erreichen. Richtig ist, dass die Wurstsoljanka, privat oder gastronomisch eine Abwandlung der russischen Soljanka war, von der es viele Rezeptvarianten gibt. Fleisch und Wurst gehörten immer dazu. Die Wurstsoljanka war in vielen Haushalten zwar eine reine Resteverwertung, zur Not auch ohne Fleisch, auf alle Fälle aber ohne Gefährdung der Darmflora. Was jedoch die erstaunten prominenten Suppenlöffler als mentalen Nachtisch bekamen, war perfekter, verbaler Durchfall.

»The Winner is«
(11.04.2012, 20:15 Uhr, SAT1)

Linda de Mol fragt einen Kandidaten:
»Du bist vor einem Jahr Vater geworden. Wie alt ist denn der Kleine jetzt?«
Da staunte die spritzige Linda nicht schlecht, er ist ein Jahr alt.
Mathe-Spritze gefällig?

Schweiz verhaftet Steuerfahnder
(»Kurier« 21.5.12)

»Ein Hacker hat von einem Server der SPD über 1900 Zugangsdaten samt Passwörtern geklaut. Die Berliner Staatsanwaltschaft ermittelt wegen »Ausspähen von Daten«, meldet der »Spiegel«.
Hatten einst nicht auch Hacker Daten von deutschen Steuersündern an die bundesrepublikanische Finanzbe-

hörde verkauft? Wieso ermittelt gegen diese Datendiebe nicht auch die Staatsanwaltschaft? Und warum nicht auch gegen den deutschen Finanzminister? Der Hehler ist nicht besser als der Stehler. Wahrscheinlich kommt es immer darauf an, wer der Hehler ist!

Atomwaffen

Es gibt 197 Staaten der Erde.

Neun Staaten besitzen Atomwaffen: USA, Russland, Frankreich, Großbritannien, VR China, Indien, Pakistan, Israel, Nordkorea.

Nun wird dem Iran nachgesagt, er arbeite ebenfalls an einer Atombombe und stelle somit eine Gefahr für die friedliebende Menschheit dar. Vor allem Nachbarstaaten der Islamischen Republik fühlen sich bedroht.

Darf sich nicht auch der Iran durch Atomwaffen besitzende Nachbarn bedroht fühlen?

Am lautesten schreien die USA die iranische Bedrohung in die Welt hinaus. Wenn ich mich daran hielte, was mir die Medien über Menschenrechtsverletzungen und undemokratische Verhältnisse aus dem Iran vermitteln, wäre Empörung angebracht, vor allem auch deshalb, weil trotz des bekannten Terrors deutsche Industrielle zu geschäftlichen Handreichungen zum Erhalt des Regimes bereit sind. Bedroht durch den Iran fühle ich mich trotzdem nicht. Eher durch die, die bereits einmal, ohne Not, Atomwaffen zum Einsatz gebracht haben: die USA!

Es wäre sinnvoller, nicht anderen immer den Schwarzen Peter zuzuschieben und nur eine Begrenzung der Atomwaffen auf die Staaten zu proklamieren, die sie bereits besitzen, sondern die völlige Abschaffung der nuklearen Gefahr einzuleiten.

Ein Schrei der Befreiung ginge durch die Welt.

MORD UND TOTSCHLAG

Ich weiß nicht, ob ich einen guten oder schlechten Tag erwischt habe. Tagtäglich lese ich in der von mir schon an anderen Stellen zitierten Zeitung »Kurier« von großen und kleinen Verbrechen. Ich finde in meinem Archiv die Ausgabe von Dienstag, dem 30. August 2011.

Auf der Titelseite wird vor einem Bischof gewarnt, den aber keiner geweiht haben will, mit dem sich Politiker und Prominente umgeben, der seinen Segen auf Sexmessen verteilt, und so scheint es, der allen ein Dorn im Auge ist. Ein Ermittlungsverfahren gegen ihn wurde eingestellt. Keine richtige Straftat.

Auch die Schlagzeile und der ausführliche Bericht auf Seite 2, dass die Benzinbosse uns abzocken ist juristisch nicht verwertbar. Der Verweis auf Seite 8 bringt mich zu einem längeren Bericht über Berliner Hooligans, die an schweren Ausschreitungen in einem Berliner Fußballstadion beteiligt waren.

Ein Schlagzeilenhinweis auf Seite 31 ist der Name Joey Kelly wert. Er soll gegenüber einem Autofahrer ausgerastet sein. Es drohen 10 000 € Strafgeld.

Ein hochinteressantes Buch wird vorgestellt. Es nimmt die Seiten 4 und 5 ein. »Richter ohne Gesetz« von Joachim Wagner. Darin geht es »um Ehrenmorde, Folter, Bandenkrieg. Schwerste Verbrechen, die nach deutschem Recht hart bestraft werden müssen. Doch in muslimischen Milieus arbeiten Friedensrichter gezielt an Strafvereitelung und Verschleierung. Sie sprechen ihr eigenes Recht, handeln etwa Kompromisse zwischen verfeindeten Berliner Clans aus.«

Auf Seite 5 ist noch Platz für eine Tat, die schon länger zurückliegt. Am 6. März 2010 hatten vier Räuber ein

Pokerturnier gestürmt und 242 000 € erbeutet. Nach einem Jahr Prozess legte einer der Bosse ein Geständnis ab.

Auf S e i t e 6 werden sich einige Promis nicht lange aufhalten wollen. Es zeigt sie mit dem schon erwähnten dubiosen Bischof von Berlin. Es lächeln Bundestagsvizepräsident Wolfgang Thierse und Bundestagsabgeordneter Hans-Christian Ströbele. Eine Nonne gerät mit ihrem Prosit zwischen die Bilder von einem Bischofsbesuch auf der Sexmesse »Venus« und der Loveparade.

In Köpenick hat ein Feuerteufel ein Haus angezündet. Fünf Menschen wurden verletzt, darunter ein kleines Kind, erfährt der Leser auf der 7. S e i t e der Zeitung. Und auch das steht dort: Bei einer Razzia fanden Polizisten Schreckschusswaffen, Säbel, Macheten und Dolche. Gegen den Mann wird wegen Bedrohung, Körperverletzung sowie Verstoßes gegen das Waffengesetz ermittelt.

Auf S e i t e 8 folgt der ausführliche Bericht von den Hooligans.

Als ich den Bericht auf S e i t e 1 0 gelesen hatte, konnte ich nur mit dem Kopf schütteln. Es geht um Roma, die auf einem Rastplatz auf der A117 ein Camp aufgeschlagen haben und schon monatelang unter freiem Himmel wohnen. Wenn die Polizei kommt, verschwinden die Roma, wenn sie wieder weg ist kommen die Roma wieder. Ob eine Straftat vorliegt, kann ich nicht beurteilen. Eine Ordnungswidrigkeit ist es allemal. Warum ist die Polizei so ohnmächtig? Weil es sich um Roma handelt?

Eine psychisch kranke Frau ist von einem Polizisten erschossen worden. Die Polizei-Chefin berichtet darüber. S e i t e 11.

Mit S e i t e 2 9 komme ich dem Ende der Ausgabe näher. Hier staune ich, wie ein Mann 20 Jahre lang ohne Führerschein unterwegs sein konnte und dabei etwa 120 000 Kilometer zurückgelegt hat.

Auf S e i t e 3 0 kommt es wieder dicke. Ein Schwulen-
hasser soll zwei Menschen getötet haben.

Nicht zu übersehen, auch wegen des Bildes, der bereits
am Anfang angedeutete Ausraster von Joey Kelly auf S e i -
t e 3 1 .

Auf derselben Seite findet sich noch eine Nachricht über
zwei dumme Bankräuber.

Bevor ich die Tatortzeitung schließe noch ein Blick auf
das Fernsehprogramm mit kriminellem Hintergrund von
18 bis 24 Uhr:

Großstadtrevier,

SOKO Köln

Die Rosenheim-Cops

CSI Miami/ 2-mal

Law & Order

K11 / 2-mal

Polizeiruf

Privatdetektive im Einsatz

Das Fernsehprogramm scheint der Realität zu entspre-
chen.

Und ich bin todmüde.

Nachgedacht

Wie oft ich schon gefragt wurde, was mir damals bei den Nachrichten, die ich verlesen habe, durch den Kopf gegangen sei, kann ich nicht sagen.

Die Frage ist so auch nicht zu beantworten. Auf diese pauschalisierte Frage müsste ich ebenso pauschal antworten, was weder den Fragesteller befriedigen dürfte noch mich, der bei einer Unglücksmeldung andere Emotionen hatte, als bei minutenlangen statistischen Erhebungen. Der Wahrheitsgehalt derartiger Informationen ist nicht erst seit Winston Churchills Äußerung zu bezweifeln, er glaube nur jenen Statistiken, die er selbst gefälscht habe. Trotzdem müssen Statistiken nicht von vornherein das Niveau faustdicker Lügen haben. Wenn in einer Erhebung von 2,5 Menschen die Rede ist, suche ich den halben homo sapiens in der Realität vergeblich. Er ist eben nur eine statistische Größe. Wenn ich als Bundesbürger erfasst bin mit einem Sparguthaben von etwa siebzigtausend Euro, dann stelle auch ich die schon von Kabarettisten aufgeworfene Frage: »Wer hat mein Geld?« Wenn all diese Erhebungen in uns Zweifel hervorrufen, heißt das nicht, dass wir es in jedem Falle mit Lügen zu tun haben. Statistiken wollen dechiffriert sein.

In den gemeinten Nachrichten der »Aktuellen Kamera« mit statistischen Inhalten war z.B. die Rede davon, was die fleißigen Werktätigen in den Volkseigenen Betrieben alles herstellen und dass sie in dem genannten Zeitraum, die Produktion wieder um so und so viel Prozent gesteigert hätten.

Zu kaufen gab es viele dieser Konsumgüter aber nicht, sie gingen überwiegend in den Export.

Vom Kauf war in der Statistik auch nicht die Rede, nur von der Produktion. Und das war nicht gelogen. Wortklauberei, höre ich da sagen. Durchaus nicht. Die Meldungen dienten der reinen Agitation und waren bewusst so verfasst worden. Nur wenige Rundfunkhörer, Fernsehzuschauer oder Zeitungsleser verfielen dieser Agitation, man ließ sich kein X für ein U vormachen, vielleicht, weil man gerade im Zusammenhang mit solcherart Nachrichten an die Entstehung dieser Redensart erinnert wurde: das Zeichen »X« ist sowohl Buchstabe als auch die römische Zahl »Zehn«. Der Buchstabe »U« wurde früher wie ein »V« geschrieben, das wiederum die römische Zahl »Fünf« bedeutete. Wenn zum Beispiel ein Gläubiger ein X aus einem V machte, indem er die Striche beim V verlängerte, betrog er seinen Schuldner. Statt fünf Mark kassierte er 10 Mark. Er hatte ihm ein X für ein U vorgemacht.

Die Zeiten sind ja, Gott sei Dank, nun vorbei!

Wer behauptet denn so etwas?

Und da stellt sich die Frage, was die Nachrichtenmacher und Verkünder der heutigen Zeit sich dabei denken, was ihnen so durch den unabhängigen Kopf geht und ob sie sich gelegentlich an die eigene Nase fassen. Zum Beispiel auch die Redakteure jener hauptstädtischen Zeitung, die nach dem Aus der deutschen Frauen bei der Fußball-Weltmeisterschaft eine Lesermeinung veröffentlichte, in der vom Autor eine Entschuldigung bei den Frauen gefordert wird. Der Druck für die Fußballerinnen sei zu groß gewesen durch die »Wir werden Weltmeister-Ideologie«. Immer sei herauszuhören gewesen, dass einzig und allein der Titel zähle. Auch die Fansprüche vom »Weltmeister der Herzen« könne man sich sparen, so die Lesermeinung. Warum, so fragt und konstatiert der Autor, wird nicht mal fünf Gänge heruntergeschaltet und wir freuen uns einfach über eine schöne WM in unserem Land.

Ja, das frage ich mich sehr oft bei Großereignissen des Sports. Doch ich fürchte, der Leserbriefschreiber und ich werden da wohl eine Reise ins Reich Utopia antreten müssen. In einer Gesellschaft, in der nur der Erfolg und das damit zu erwartende große Geld zählen, sind höchstens noch zweite und dritte Plätze salonfähig. Dabeisein ist alles, gilt doch nur noch fürs Anstehen an der Sponsorenkasse. Die Medien sind daran nicht unschuldig. Ist das einem Journalisten je durch den Kopf gegangen?

Wenn ein Redakteur über einen gewalttätigen Postbankräuber schreibt, der seit Jahren kriminell ist, stellt er sich da die Frage, warum der Mann erst jetzt für Jahre in den Knast muss? Stößt er da möglicherweise an Grenzen seiner kritischen Berichterstattung, müsste er da tiefer in gesellschaftliche Zusammenhänge eindringen?

Wie kritisch ist ein Journalist mit gesellschaftlichen Zuständen und der Gesellschaftsordnung insgesamt umgegangen, wenn er zum Regierungssprecher avancieren kann?

Mit dem Ende der DDR wurde viel darüber geschrieben und Hunderttausende aus den gebrauchten Bundesländern glauben noch heute, dass die DDR an ihren Schulden zusammengebrochen sei. Wer das geschrieben oder gesendet hat, kann die Montagsdemonstrationen nicht verstanden haben, hat nicht begriffen, warum die Menschen in der DDR auf die Straße gegangen sind, redet die friedliche Revolution mit fehlenden Apfelsinen und Bananen tot.

Die Netto-Auslandsverschuldung der DDR 1990, so entnehme ich dem lesenswerten Buch »Was war die DDR wert« von Siegfried Wenzel, betrug 23,3 Mrd. DM.

Zu den von der Bundesrepublik übernommenen Schulden sind noch andere Posten mit eingerechnet worden, so dass sich eine Summe insgesamt von 216,7 Mrd. DM ergab. Wenzel rechnet das pro Kopf der Bevölkerung um und kommt auf einen Schuldenbetrag je DDR-Bürger von 13 540 €. Der Altbundesbürger stand zu diesem Zeitpunkt mit 15 000 € in der Kreide.

Zum Zeitpunkt dieser Niederschrift wird die Schulden-krise in Europa und den USA immer dramatischer. 14,3 Billionen Dollar beträgt das Staatsdefizit der USA. Rettungsschirme werden aufgespannt für den Euro und die Euroländer. Ich sage absichtlich nicht einige Länder. Früher oder später wird die Krise sie alle erreichen, wenn sie nicht schon mittendrin stecken und bisher nur noch gute Möglichkeiten der Vertuschung hatten.

Allein die Chinesen können Schuldscheine über 1,3 Billionen Dollar bei den Amerikanern vorlegen. Das nur zur Information, falls die Frage aufkommt, warum von den Chinesen nicht stärker die Verwirklichung und Einhaltung der Menschenrechte eingefordert werden.

Italien weiß nicht, wie es mit 1,84 Billionen Euro Schulden zurechtkommen soll. Bei den Griechen spricht man schon davon, dass sie die Insolvenz beantragen sollten.

Wir Deutschen sitzen auf 1,96 Billionen Euro Schulden.

Gläubiger sind vor allem Banken und Versicherungen. Wenn die vor der Pleite stehen, muss ihnen natürlich geholfen werden. Oder der Staat zahlt erst einmal seine Schulden an sie zurück. Wovon? Dann wäre auch der Staat pleite und würde zu Grunde gehen. Ganz ohne Montagsdemos! Das sei den Kosten der Einheit zu verdanken, ist noch immer aus dem Munde des einfachen altbundesrepublikanischen Volkes zu hören.

Worüber kaum etwas zu lesen ist, obwohl es von führenden Politikern und Wirtschaftsexperten bestätigt wurde, ist die Tatsache, dass die BRD 1990 an die Bürger der DDR eine Ausgleichszahlung von 727,1 Mrd. DM hätte leisten müssen. Das ist die Summe, die sich errechnet, wenn die fast einseitig von den DDR-Bürgern geleisteten Reparationskosten des Zweiten Weltkrieges mit Zins und Zinseszins auf die BRD umgelegt würden.

Wer Siegfried Wenzels Buch liest, findet dazu Zitate, in denen diese Realitäten anerkannt werden. Zum Beispiel vertrat der ehemalige Hamburger Bürgermeister und Hauptberater der Treuhandanstalt, Klaus v. Dohnanyi, die Auffassung, dass der östliche Teil Deutschlands, der den Krieg bezahlt hat, nicht auch noch den Frieden bezahlen müsse. Und der Bremer Wissenschaftler Prof. A. Peters appellierte, dass die BRD sich lediglich als Treuhänder ansehen könne für die Bevölkerung der DDR in Bezug auf ein gewissermaßen gespartes Kapital, mit dem sie hätte arbeiten können. Dieses Treugut müsse man zurückgeben.

Ich bezweifle, dass es so schnell wie gewesen zur Wiedervereinigung gekommen wäre, wenn diese Mittel zur Verfügung gestanden hätten. Die Wettbewerbsfähigkeit der Noch-DDR-Wirtschaft hätte anders ausgesehen als behauptet. Zumindest wäre der Beitritt mehr auf Augenhöhe verhandelt worden.

Es soll auch nicht unerwähnt bleiben, dass der Osten noch immer Geld in die defizitären Kassen spült. Ehemalige volkseigene Agrarflächen und Wälder brachten dem Bund durch Verpachtung und Verkauf, im Jahre 2005 einen Überschuss von 275 Millionen Euro ein. Übrigens, 55 Millionen mehr als geplant.

Diese wenigen Fakten und Zahlen belegen, dass es keinen Grund gibt für die Westpaket-Mentalität »Wir tun Euch Gutes – Ihr hättet ja sonst noch immer nichts!«

Namen sind nicht Schall und Rauch

Vor vielen Jahren las ich eine amüsante Geschichte der amerikanischen Autorin Erna Bombeck. Sie schildert, wie sie gedrängt wurde, den Papst in seiner polnischen Muttersprache willkommen zu heißen, als er ihre Heimatstadt besuchte. Der Priester des Ortes hatte polnische Vorfahren und so lag es nahe, dass sie ihn um eine Übersetzung des Begrüßungstextes bat. Den trug sie dann auch mit großem Lampenfieber vor und erntete wohlwollendes Kopfnicken seiner Heiligkeit. Eine Begleitperson des Heiligen Vaters nahm Erna Bombeck später dezent zur Seite und fragte, wieso sie annehme, dass der Papst sein Reisegepäck verloren hätte.

Diese Geschichte erinnerte mich an eigene, fast schon manisch zu nennende Experimente, mich bei Urlaubsreisen im Ausland der jeweiligen Landessprache zu bedienen, obwohl ich dazu nur mittels eines Wörterbuches fähig war. Es sollte nicht mehr als eine Geste der Höflichkeit sein. In den meisten Fällen wurde es auch von den Angesprochenen wohlwollend honoriert. Um ihre Muttersprache jedoch nicht weiter verschandeln zu lassen, ließen sie mich freundlich wissen, dass ich mit ihnen Deutsch sprechen könne.

Viele Jahre allerdings habe ich es nicht gewagt, eine Begrüßung, die mir ein beim Deutschen Fernsehfunk arbeitender irakischer Kameramann beigebracht hatte, arabischen Gästen gegenüber auszusprechen. Der betreffende Kollege und ich hatten immer sehr viel Spaß miteinander, trieben auch so manchen Schabernack und deshalb war ich mir nicht so sicher, dass ich auch wirklich eine freundliche Begrüßung beigebracht bekommen habe. Erst Jahre später, in den 1990er Jahren in Marokko, bestätigte mir ein marokkanischer Dolmetscher, dass sich jeder Angesprochene ob dieser netten Worte freuen würde. Verzeih mir mein Misstrauen, Rechab.

Kommt gelegentlich mit meinen Kindern das Gespräch auf einstige Urlaubsfahrten in die Tschechoslowakei, nach Polen oder Ungarn, meine ich noch heute, einen leicht stöhnenden Unterton zu vernehmen.

Als Sprecher hatte ich eine gründliche Ausbildung in Fremdsprachen-Phonetik. Und so versuchte ich auch in der Freizeit und eben auch bei Urlaubsfahrten, meine Kenntnisse anzuwenden und klärte die mitreisende Familie bei jedem nahenden Orts- oder Hinweisschild über die richtige Aussprache auf. Sie sollte schließlich von meinem Wissen profitieren. Ja, so sagen die Kinder heute, es sei durchaus lehrreich gewesen. Oft aber habe der Wunsch nach langen Fahrten durch einsame Gegenden ohne Beschilderung vorgeherrscht.

Bei einem Lebensmitteleinkauf in Budapest hörte ich, wie ein deutsches Ehepaar rätselte, ob ich es wirklich sei, der mit in der Schlange stünde. Der Mann glaubte es nicht, denn, so war leise zu vernehmen, d e r geht doch hier nicht einkaufen. Daraufhin bestellte ich an der Theke das von mir gewünschte auf Ungarisch. Sicherlich nicht perfekt, aber die Päckchen enthielten das, worum ich gebeten hatte. »Siehsde, ich habbs dir glei gesachd, dasser das ni is«, hörte ich beim Herausgehen den Mann sagen.

Wenn ich heute meine Ohren weit aufsperre bei Reportagen und Sendungen im Hörfunk und im Fernsehen, packt mich die Angst vor möglichen diplomatischen Konflikten, wenn ich Namen und Begriffe vor allem slawischen Ursprungs höre. Oft werden die einfachsten Aussprache-regeln nicht befolgt. Es sollte zum Kenntnisstand eines jeden sprechenden Journalisten, Moderators und Sprechers gehören, dass Sprachen unterschiedliche Betonungen aufweisen. So wird Polnisch in der Regel auf der vorletzten Silbe, Tschechisch und Ungarisch auf der ersten Silbe betont.

Doch das scheint bei vielen aus der sprechenden Zunft keine Rolle zu spielen. Wichtig ist, dass englische Vokabeln perfekt über den Sender gehen.

Fehlende Fremdsprachenphonetik will ich noch mit Kopfschütteln abtun. Einmal jedoch hat ein Sportreporter eine Begründung abgegeben für die falsche Aussprache eines Namens, da stand ich kurz vor einem Hörsturz. Es war zur Fußball-Weltmeisterschaft 2006. Deutschland spielte gegen Polen. Bei der Mannschaftsaufstellung auf polnischer Seite wurden auch zwei Spieler genannt, die aus der Bundesliga bekannt waren: Euzebiusz Smolarek und Jacek Krzynowek. Da besann sich der Sportapostel plötzlich auf seine Fremdsprachenkenntnisse und tat den Zuschauern kund, dass man in den Sportreportagen aus der Bundesliga die Namen immer falsch auf der ersten Silbe betont habe, wo sie doch richtig auf der vorletzten hätten betont werden müssen. Die Zuschauer sollten es ihm aber nachsehen, wenn er weiter aus alter Gewohnheit die erste Silbe betone.

Das sehe ich nun überhaupt nicht nach!

Diese WM-Übertragung hätte die Möglichkeit geboten, die Fangemeinde auf die richtige, wenn auch ungewohnte Aussprache einzustimmen und den Spielern Smolarek und Krzynowek nunmehr sprachliche Fairness zuteil werden zu lassen.

Peinlich wird es auch, wenn anlässlich einer Fußball-WM durch einen öffentlich-rechtlichen Sender »Unsere besten Fußballer« vorgestellt werden und der erstaunte Zuschauer erfährt, dass Ulf Kirsten »nach Hammer und Sichel« nun den Adler auf der Brust trägt. Vergeblich suche ich in der Statistik nach den Spielen von Kirsten in der sowjetischen Nationalmannschaft. Fürs geistige Geschichtsbuch des Autors: Hammer, Zirkel und Ährenkranz waren im DDR-Emblem.

Verdanken wir Werbetextern eine Invasion überflüssiger englischer Vokabeln in die deutsche Sprache, das sogenannte »Denglisch«, wundert es nicht, wenn sie bei der phonetischen Sprachpanscherei mitmischen.

Da läuft im Fernsehen eine Werbung für den »Skoda«. Deutlich ist der Name des Fabrikats zu lesen und über dem »S« ein nach oben offenes Häkchen zu erkennen, ein im Tschechischen übliches Hacek (eingedeutscht Hatschek; dieses Aussprachezeichen gibt es besonders in slawischen Sprachen für das s, z und c). Nun besagt die Sprachregel, dass in diesem Falle das »S«, als »sch« gesprochen wird, also »Schkoda«. Die Werbung missachtet diese Regel und zu hören ist »S-koda« wie in Skalpell. Wenn mein Einwand lächerlich scheint, dann können wir demnächst Du-isburg sagen oder Waschingtonn. Oh, wie wäre da der Aufschrei groß! Wie ungebildet, das muss man doch wissen, wie das ausgesprochen wird!

Ich erinnere an die Rauswurfkampagne, als Carmen Thomas, die erste Fernseh-Moderatorin einer Sportsendung, 1973 die heilige Kuh Schalke 04 als »Schalke 05« benannte.

Bei einigen schreibenden Sportjournalisten ist fast schon eine Sucht ausgebrochen, originell zu sein. Als Jürgen Klinsmann Erfolge aufzuweisen hatte, fand man das »klinsationell«.

Der Drang zur Originalität paart sich schnell mit Lächerlichkeit und Dummheit. Nach einem Spiel in der Champions-League, in dem der Bayernspieler Ibica Olic (sprich Olitch) die zwei Siegtore schoss und ihm das nach Meinung des Redakteurs ganz viel Laune gemacht hätte: »Olic ganz launic.«

Tatort Baskettball: Alba Berlin bekam einen Neuzugang: Immanuel McElroy. Bei seinem ersten Spiel zeigte er sein großes Können und eine Zeitung titelte: »Super, was Immanuel kannt …«

Sinnvolle Originalität bewies diese Zeitung allerdings beim Papstbesuch, der nicht von allen Menschen nur bejubelt wurde. Auf der Titelseite war zu lesen: »Buuuhs- und Bettag in Berlin.« Sie merken, ich habe durchaus Humor.

Bei einem Sechs-Tage-Rennen in Berlin fährt der Schweizer Franco Marvulli mit einem Kreuzbandriss im rechten Knie zum Sieg. Eine grandiose Leistung! Was aber die schon oben erwähnte Zeitung daraus macht, haut einen aus dem Sattel: »Das gab es noch Knie: Marvulli fährt ohne Kreuzband allen weg.« Der Komödienschreiber sollte sich den folgenden Satz seines Berichtes einmal anschauen. »Spezialisten in der Schweiz machen wieder Mut, raten zum Weiterzufahren.«

Zweimal hinschauen; kann *knie* schaden!

OSSI UND WESSI

Ich datiere Anfang August des Jahres 2011 Zeitungen, Zeitschriften, Rundfunk und Fernsehen, die ich mir zugänglich mache, haben ihr jährliches Thema, dokumentieren den Mauerbau am 13. August 1961, lassen sogar mich, eine »rote Socke«, als Zeitzeugen ins Fernsehen. Bis in den November, dem Monat des Mauerfalls, werden sich Dokumentationen, Spielfilme und andere Genre mit der Trennung der Deutschen beschäftigen, unterbrochen im Oktober von den Sonntagsreden zur deutschen Einheit.

Bei der oben erwähnten Fernsehbefragung stand ich seit langer Zeit wieder einmal an der Berliner Mauer in der Bernauer Straße. Diese Stätten gehören nicht zu den von mir bevorzugten Aufenthaltsorten in Berlin, obwohl ich meine Gäste an eben solche Orte führe, die besonders deutlich machen, wie grausam diese Grenze Familien trennte. Hier wird für viele die Doppelzüngigkeit einer als friedenserhaltend und human richtig gedachten sozialistischen Politik spürbar. Ganz zu schweigen von den Empfindungen, mit denen der Besucher die Gedenkstätte des Stasi-Gefängnisses in Berlin-Hohenschönhausen verlässt.

Als ich nach Öffnung der Grenze zum ersten Mal die Autobahn an der einstigen innerdeutschen Grenze befuhr, lief es mir eiskalt über den Rücken. Noch waren die Reste der »Sicherungsanlagen«, die Wachtürme und Todesstreifen sichtbar. Allein schon das Ausmaß der Sperrzone übertraf meine Vorstellungen.

Bei Umfragen und Statistiken bin ich mit Skepsis behaftet. Wenn ich alle Zweifel lasse, bleibt Erstaunen darüber, dass 61 % der Deutschen noch nie eine Gedenkstätte zum Mauerbau besucht haben sollen. Dass aber auch in Zukunft an die Mauer und überhaupt an die Geschichte der DDR erinnert werde, das finden 65 % der Befragten sehr wichtig. Die bundesweite Umfrage stammt vom börsenorientierten Marktforschungsinstitut YouGov mit Hauptsitz in London und wurde in diesen Augusttagen durchgeführt. Wenigstens, so geht daraus hervor, haben 51 % der jungen Bundesbürger zwischen 16 und 24 Jahren schon einmal eine Mauergedenkstätte besucht. Wie sie dahin gekommen sind, scheint wohl vergleichbar mit den Gruppenreisen zur Zeit zweier deutscher Staaten, als eine Besichtigung der Sperren am Brandenburger Tor im Schulprogramm verankert war. Gut wäre, wenn ich unrecht hätte und viel eigener Antrieb in der Gedenkstättenfahrt läge. Überbewerten will ich Umfragen nicht.

Einen Blick in die Vergangenheit, in die Geschichte des eigenen Landes, auch wenn es mehr und mehr europäisiert wird, sehe ich immer als eine Chance, in der Zukunft, die Fehler der »Alten« nicht zu wiederholen. Irgendwann muss das ja mal klappen oder ich bin ein unverbesserlicher Phantast.

Die jüngere Altersgruppe, die in die Befragung einbezogen wurde, hat selbstverständlich eine andere Sicht auf die Dinge als wir mit unserer gelebten und gestalteten Geschichte von 1945 bis 1990.

Seit 21 Jahren gibt es wieder einen einheitlichen deutschen Staat, auch wenn die Lebensbedingungen leider längst nicht einheitlich sind. Siehe Löhne, Gehälter und Renten. Ihr Jammerossis, höre ich da, was sollen wir denn noch alles bezahlen, die Einheit hat uns genug Geld gekostet und wir mussten viele Pläne aufgeben. Seid endlich mal dankbar!

Nun, meine Dankbarkeit gehört denen, die den Mut hatten, in der DDR auf die Straße zu gehen und dabei ihr Leben riskiert haben.

An anderer Stelle dieses Buches ist etwas über die finanzielle Dankbarkeit zu lesen.

Die Tatsache, dass es einen deutschen Staat gibt, dass Ost und West der Vergangenheit angehören, scheint in einigen Medien noch nicht verinnerlicht worden zu sein. Mal abgesehen von den leidigen Quiz-Sendungen, in denen geprüft wird, wer schlauer ist, Wessi oder Ossi, oder wer die besseren Liebhaber sind, nein, auch in ernst zu nehmenden Sendungen hat man zum Beispiel noch nicht geschnallt, dass es kein politisches West- und Ostberlin mehr gibt.

Am 8. August wird in der ZDF-Sendung WISO über Zigarettenschmuggel berichtet. Ein Ermittler fährt dazu »in den Ostteil Berlins«, wie es im Filmtext heißt. Man weiß wohl nicht, dass es dort Stadtbezirke und Ortsteile gibt, die einen Namen haben.

Berliner Zeitungen berichten über den Protest gegen die geplanten Flugrouten für den neuen Großflughafen in Berlin-Schönefeld. Schon da roch es wieder nach Spaltung. Betroffene der Flugrouten in Rangsdorf, am Müggelsee oder in Friedrichshagen warfen dem Berliner Senat und insbesondere dem Regierenden Klaus Wowereit vor, die »Wessis« am Wannsee beim Verzicht auf geplante Flugrouten bevorzugt zu unterstützen.

Als sich in Berlin-Friedrichshagen zahlreiche Prominente bei den Protesten engagierten, war gleich wieder die Rede von »Oststars«, die Wowi einheizten.

Einer der größten Technikkonzerne der Welt, Fujitsu, will mit seinem Vertriebszentrum nach Berlin. Als das bekannt wurde, wusste noch keiner, in welchem Berliner Stadtbezirk die Firma sich einen Standort ausgeguckt hatte. Fujitsu schien sich aber, so war es durchgesickert, für einen Standort im »Osten« entschieden zu haben. Und da gerade Wahlkampf war, griff ein CDU-Abgeordneter aus Spandau in die Standortsuche ein und warb, in der Hoffnung auf Wählerstimmen, für die Siemensstadt. Der Hintergrund ist, dass die Ansiedlung renommierter Firmen den Standort enorm aufwertet. Grundstückspreise können in die Höhe schnellen. Das soll mal schön im Westen und nicht im Osten passieren. Neiddiskussion.

Ich wundere mich also nicht, wenn in einer anderen Umfrage 83 % angeben, dass noch immer eine »unsichtbare Mauer« zwischen Ost und West existiert.

Ein renommiertes Fernsehmagazin testete, wie lange Konserven und Fertigprodukte, nach dem angegebenen Verfallsdatum noch genießbar sind. Nun hätte der Zuschauer erwarten können, da in die Tests sogar Lebensmittel aus Care-Paketen nach dem Kriege einbezogen wurden, etwas über jene Produkte zu erfahren, die dem DDR-Bürger einst zur Verfügung standen. Ich möchte nur an eine Firma erinnern, die Brühen, Tütenfertigsuppen, Soßen, Würze, Konserven, Tempoerbsen und -linsen in den Verkauf brachte: »Suppina« aus Auerbach im Vogtland. Heute ist der Firmensitz in Oederan.

Es hätte mich schon interessiert, wie diese Waren im Haltbarkeitsvergleich abgeschnitten hätten. Und sicherlich nicht nur mich.

Wen wundert's, wenn die Menschen aus der DDR das Gefühl befällt, dass sich für ihr vergangenes Leben und ihre Lebensleistung kein Medium interessiert. Es sei denn, sie können mit Stasi und Verfolgung in Zusammenhang gebracht werden. Was nicht in der alten Bundesrepublik stattfand, hat nicht stattgefunden.

Dem Sozialreport 2010 des Bundesverbandes der Volkssolidarität entnehme ich, dass 53 % der Menschen in Berlin/Brandenburg, Sachsen-Anhalt, Sachsen, Thüringen und Mecklenburg/Vorpommern noch große Unterschiede zwischen Ost und West feststellen. 16 % sind sich sicher, dass es diese Unterschiede auch noch in 50 Jahren geben wird. Etwa 14 % stellen nur noch geringe Unterschiede fest, wogegen 7 % die Meinung vertreten, dass die Unterschiede größer werden. Lediglich 3 % sehen, dass zusammengewachsen ist, was zusammenwachsen sollte. 7 % der Befragten machten überhaupt keine Angaben.

Neuerdings scheint es bei Promis der Unterhaltungsbranche »in« zu sein, bei Auftritten im Osten zu betonen, dass man eigentlich ein halber Ossi sei. Man habe eine Omi in Dresden oder Leipzig gehabt oder ein Kusine oder was weiß ich wen. Was wurde gelästert, als Spätaussiedler den Nachweis ihrer deutschen Herkunft erbringen mussten. Sehr schnell machte der Spruch vom Deutschen Schäferhund, den man besessen habe, die Runde. Vielleicht besitzt ja ein Promi noch ein Rezept für sächsische Quarkkeulchen oder Thüringer Klöße.

Meine Kollegen in den Medien sollten sich doch einmal darüber Gedanken machen, wie die Menschen vor der Spaltung Deutschlands ihre Landsleute und die Regionen bezeichnet haben, als die Begriffe Ost und West lediglich Himmelsrichtungen benannten. Da wird einem sicherlich mehr einfallen als Großdeutsches Reich.

Niemand hat die Absicht in den Köpfen eine Mauer zu errichten. Lassen wir diesen Satz nicht zur Lüge werden.

Protest der Rubensfrauen

Einer Zeitung entnehme ich, dass auf dem Alexanderplatz in Berlin »dicke« Luft herrschte. Es war trotzdem ein gutes Durchkommen, auch wenn 15 Frauen mit einem ansehnlichen Eigengewicht wütend gegen den Schlankheitswahn protestierten, den sie bei ihrem Gewichtsformat für Terror halten. Ein Foto zeigt, wie sie viele Schilder in die Menge halten. Eins verstehe ich: Stoppt Diäten. Andere Plakate informieren in englischer Sprache »FAT IS PERSOLIETAL«, »NO DIET« oder »SAY NO TO SIZEISM«. Sie sagen mir nichts. Ich spreche kein Englisch. Ich fühle mich nicht angesprochen. Wahrscheinlich wollen sich die Diätgegnerinnen an englischsprechende Touristen wenden. Die süßen Sachen, die angeboten werden, hätten mich eher gereizt. Ich weiß, was mich dick macht. Meine Frau und ich tragen seit Jahren ein paar Kilo zu viel mit uns herum. Wir können essen, was wir wollen, wir nehmen nicht ab, waren trotzdem nicht auf dem Alex, wussten aber auch nichts vom 20. Internationalen Anti-Diät-Tag, den die Frauen zum Ausfüllen des Alex nutzten.

Ihr Zorn richtet sich vor allem gegen die Diätindustrie, die den Menschen Wirkungen vorgaukelt, die dauerhaft nie erreicht werden können, es sei denn, man begibt sich in eine lebenslange Abhängigkeit von Pillen und Pulvern. Ich kenne sehr viele nicht Übergewichtige, die den Pfunden mit einer Ernährungsumstellung und Sport zu Leibe Rücken und der Diätindustrie ein Schnippchen schlagen. Das kann jeder machen, wie er will. Offensichtlich fühlen sich Dicke aber nicht ganz so wohl in ihrer Haut, wie sie immer suggerieren und dabei verächtlich auf die Schlanken schauen. Wer dick sein möchte, soll dick sein, wer dürr sein möchte, soll dürr sein. Wer Versprechungen auf den Verpackungen von Nahrungsergänzungsmitteln zur Gewichtsabnahme

Glauben schenkt, dem soll man seine Diät-Religiosität lassen, solange dabei nicht gegen Gesundheitsrichtlinien und Gesetze verstoßen wird oder gar Minderjährige zu Skeletten erzogen werden.

Es macht keinen Sinn, gegen medizinische Erkenntnisse vorzugehen. Beleibte Menschen neigen eher zu gesundheitlicher Anfälligkeit als weniger Dicke. Natürlich trifft das nicht hundertprozentig zu. Auch nicht jeder Trinker stirbt an Leberzirrhose, nicht jeder starke Raucher gibt wegen Lungenkrebs die Kippe ab. Ich verdanke meine Kilos meinen teils unvernünftigen Verhaltensweisen und Gewohnheiten. Dafür kann ich nicht andere verantwortlich machen. Wenn ich meine Ganzkörperstatue im Spiegel betrachte, male ich nicht gleich ein Transparent und ziehe protestierend durch mein Wohngebiet.

Die dicken Frauen auf dem Alex in Berlin nehmen für sich in Anspruch, dass sie so respektiert werden wollen, wie sie sind. Die Dünnen nehmen das für sich auch in Anspruch. Und wenn ein Hoteldirektor keine dicken Frauen an die Rezeption stellen möchte, dann ist das seine unternehmerische Angelegenheit. Die muss man nicht gutheißen, es bleibt aber seine persönliche Entscheidung. Muss da immer gleich die Diskriminierungskeule geschwungen werden?

Neulich hörte ich von einer Fernsehmoderatorin, die nach Mauretanien gereist war, weil dort Übergewicht als Zeichen von Wohlstand und vornehmer Herkunft gilt. Sie wollte selbst feststellen, ob sie im Kreise von lauter Übergewichtigen glücklicher sei. Sie nahm die Tortur der Zwangsernährung auf sich, der schon Kinder ausgesetzt werden, vergleichbar mit den Fütterungsmethoden bei einer Stopfgans. Ich finde das unmenschlich, in Mauretanien ist es eine Tradition. Ist hier nicht auch von Terror zu sprechen, wie es die Alexfrauen bei der Diätindustrie tun? Wollen wir jetzt die UNO bemühen?

Shakespeare lässt Julius Caesar sagen, er möchte wohlbeleibte Männer um sich haben, mit glatten Köpfen und die nachts gut schlafen. Die schienen ihm nämlich ruhiger und gelassener zu sein und nicht so gefährlich wie sein schlank geratener Widersacher. Also, nur ruhig Blut, ihr etwas kräftiger geratenen Frauen. Nicht gleich Krieg anzetteln, wenn sich ein Neuzeit- Paris für eine andere entscheidet.

Geht es um Glaubwürdigkeit und Täuschung bei Produkten, Millionen Frauen müssten auf die Straße gehen und dagegen protestieren, wie sie von der Kosmetikindustrie teilweise verarscht werden. Trotzdem wird weiter gecremt und gesalbt und was viel schlimmer ist, wenn alles nichts mehr hilft, gespritzt und geschnippelt. Creme und Lotion stehen auch in den Bädern der etwas kräftigeren Damen. Die sind, das gebe ich zu, finanziell benachteiligt: Bei einer Ganzkörpersalbung brauchen sie mehr!

Eine ganz hauseigene Erfahrung.

QUOTENREGELUNG

Politische Parteien und Organisationen mögen Quoten-regelung.

Was heißt Quote? Um das herauszufinden, griff ich wieder einmal zu einem meiner Lieblingsbücher, dem Duden. Lieblingsbuch nicht nur deshalb, weil ich grammatikalische Schwächen damit behebe, sondern weil ich, wie bei anderen Nachschlagewerken, darin lese wie andere in einem Roman. Natürlich, wenn ich es eilig habe, suche ich nur nach dem gerade benötigten Wort. Wenn mir aber Zeit bleibt, dann schlage ich eine x-beliebige Seite in einem Lexikon auf und lese.

Ich weiß nicht mehr wer es war, aber es war ein kluger Mensch, der mir den Rat gab, immer dann, wenn ich etwas nicht weiß oder genauer wissen möchte, in einem Lexikon nachzuschlagen und mich dabei gleich noch für ein paar andere Begriffe zu interessieren. Das habe ich an meine Kinder weitergegeben, die wiederum an ihre Kinder. So haben wir heute in der Familie von der Existenz vieler Dinge Kenntnis.

Die 20. Ausgabe des Dudens listet Q-Wörter auf etwa vier Seiten auf. Quo beginnt mit quod erat demonstrandum – was zu beweisen war. Das nachfolgend aufgeführte Quodlibet passt insofern zu meinem Suchbegriff, weil die Bedeutung Durcheinander, Mischmasch, Zusammenstellung verschiedener Melodien und Texte den Zustand der Diskussion über die Quotenregelung für Frauen wiedergibt. Ein Begriff aus der Jägersprache schmuggelt sich ein: quorren – das Balzen der Schnepfen. Wenn ich das jetzt in Verbindung mit Frauenquote brächte, handelte ich mir sicherlich die »saure Gurke« einer Frauenzeitschrift ein. Quorum ist da schon unverfänglicher, denn es steht für die zur Beschlussfassung in einer Körperschaft erforderliche Zahl anwesender Mitglieder. Die Kursnotierung an der Börse, die Quotation, bringt uns zur Quote, dem Anteil von Personen, der bei Aufteilung eines Ganzen auf den Einzelnen oder eine Einheit entfällt. Der nachfolgende Begriff des Quotenkartells zwingt mich, andere schlaue Quellen anzuzapfen. Was sich hinter diesem Begriff aus der Wirtschaft verbirgt, ist nichts anderes als eine Preisabsprache zwischen Produzenten, was das Gesetz gegen Wettbewerbsbeschränkungen verbietet.

Jetzt bin ich endlich dort, wo ich hin wollte, bei der Quotenregelung, die einen angemessenen Anteil von Frauen in politischen und wirtschaftlichen Gremien meint.

Die Politik hat bei der Frauenquote eindeutig die Nase vorn. Mit und ohne gültigen Doktortitel waren, mit Stand von 2009, deutsche Frauen im Europaparlament mit 37,4 % vertreten. Wenn man die Quotendiskussion querbeet verfolgt, werden Prozentzahlen zwischen 30 bis 40 % gefordert. In den deutschen Bundesministerien können sich jetzt schon 33,4 % Frauenanteil blicken lassen.

Die Quotenzahlen des Bundestages sind nicht uninteressant.

Insgesamt beträgt der Frauenanteil in der Volksvertretung 32,8 % (Juni 2011). Das ist auch unter dem Gesichtspunkt wichtig, da die Zahl darauf schließen lässt, dass dieser Prozentsatz von Frauen schon mal nicht zu denen zu rechnen ist, die die Quote der Frauen in die Höhe treibt, die einmal an der Armutsgrenze leben müssen.

Die CDU/CSU lässt 20,1 % Frauen zu. Bei den Freien Demokraten beträgt der weibliche Anteil im Bundestag 24,7 %. 38,4 % Frauen verdeutlichen in der SPD-Fraktion Quotenwünsche und Realität. An der Spitze liegen die Grünen und Linken mit 54,4 % bzw. 52,6 %. Falls beide Parteien doch mal nach Gemeinsamkeiten suchen – das wäre doch schon mal was.

Da die Rufe nach der Frauenquote immer lauter werden, kann es also nur daran liegen, dass die Frauen in führenden Wirtschaftspositionen unterrepräsentiert sind. Warum ist das so? Tun die in der Politik gut repräsentierten Frauen zu wenig für das von ihnen zu vertretende weibliche Volk? Vielleicht aber wollen gar nicht so viele Frauen Managerinnen werden? Vielleicht reicht ihnen schon gleicher Lohn für gleiche Arbeit? Möglicherweise sehnen sich Frauen danach, Beruf und Familie unter einen Hut bringen zu können durch vernünftige Rahmenbedingungen, wie Öffnungszeiten von Kindergärten und Krippen oder sogar Betriebskindergärten, die den Arbeitsbedingungen angepasst sind. Positive Beispiele gibt es; sie sollten förderungswürdig sein.

Wenn die Frauenquote in der Politik einigermaßen vorzeigbar ist und in der Wirtschaft nicht, könnte es genau an diesen Rahmenbedingungen liegen. Dass die Messlatte fachlicher Fähigkeiten und Kompetenzen sowie der Genauigkeit höher liegt als in politischen Gremien ist eindeutig. Genügend Frauen besitzen diese Qualifikation, scheitern aber vielfach an Macho-Managern. Wie meine ich das mit der Genauigkeit? Maurer, Tischler oder Zimmerleute können heute nicht so und morgen anders messen. Tun sie es, müssen sie sich über Instabilität ihres Produktes nicht wundern und auch nicht darüber, dass Aufträge ausbleiben. Politiker hingegen reden oft heute so und morgen so und geben offen zu, dass sie ihr Geschwätz von gestern nichts mehr angehe. Trotzdem gibt es offenbar genug Menschen, die sich gern an der Nase herumführen lassen und schreiten brav zu den Wahlurnen, um den Wortbrechern eine weitere Chance zu geben. Wo sollen die sonst auch hin? Welches Unternehmen reißt sich um sie? Wir würden viel lieber in der Wirtschaft arbeiten und dort auch mehr Geld bekommen, tönt es von den Diätenempfängern.

Wer's glaubt, wird selig.

Zurück zur Quote. Parteien, Verbände und Vereine mögen sich in ihren Statuten die Pflicht für eine Frauenquote auferlegen. Das aber für die Wirtschaft in gesetzliche Formen pressen zu wollen, scheint mir doch ein zu starker Eingriff in unternehmerische Entscheidungen. Wenn ein Unternehmer der Meinung ist, dass sich für eine bestimmte Führungsposition, aus den unterschiedlichsten, auch wissenschaftlich untersuchten und belegten Gründen, eine Frau besser eignet als ein Mann, dann wird er sicherlich seine Meinung in die Praxis umsetzen. Oder glaubt jemand ernsthaft daran, dass eine reine Quotenfrau sich Respekt verschaffen kann?

Selbst Frauen sind sich beim Thema Quote uneins. Das zeigt sich am Beispiel von Arbeitsministerin von der Leyen und Familienministerin Schröder. Während die erste eine Frauenquote von 30 bis 40 % in den Chefetagen börsennotierter Unternehmen befürwortet, so wie von der EU-Justiz-Kommissarin vorgeschlagen, setzt die zweite auf eine flexible freiwillige Lösung.

Frau von der Leyen scheint mit ihrer Geduld am Ende, denn so sagt sie, man habe keine Lust mehr, zehn Jahre noch Lippenbekenntnisse zu hören, es müssten Veränderungen sichtbar werden. SPD, Grüne und Linke signalisieren Unterstützung für einen gesetzlichen Quotenerlass.

Paragraphen jedoch machen Männerköpfe nicht klarer. Zwangsmaßnahmen sorgen noch lange nicht für Einsichten. Sind solche Zwänge überhaupt mit der Demokratie vereinbar? Sind sie womöglich gar verfassungsfeindlich?

Wer aufmerksam die unaufgefordert im Briefkasten gelandeten Versandhauskataloge durchblättert, wird zu dem Ergebnis gelangen, dass die Männer hier benachteiligt werden. Die wenigen Seiten, die den Herren der Schöpfung für Ober- und Unterbekleidung sowie Freizeitklamotten eingeräumt werden, stehen in keinem Verhältnis zum Frauenanteil. Im umgekehrten Fall, ich wage es mir gar nicht vorzustellen, wäre eine Kampagne unermesslichen Ausmaßes ausgelöst worden. Ein Emanzen-Tsunami hätte das Land überrollt. Hat man je von einem Beschwerdebrief der Männer gehört? Gab es dazu Sondersendungen im Fernsehen? Nichts dergleichen. Still ertragen wir die demütigenden, katalogisierten Beweise fehlender männlicher Gleichberechtigung.

Hier darf ich einfügen, dass ich zu einer Generation gehöre, die Frauen einen Riesenrespekt entgegenbringen. Unsere Mütter mussten uns in der Nazizeit allein erziehen, neben der unfreiwilligen Arbeit in den Rüstungsbetrieben, die Ehemänner waren im Krieg, kamen oft als Krüppel aus ihm zurück oder gar nicht, oder erst nach langer Gefangenschaft und dann in vielen Fällen auch nicht gesund. Alle Entscheidungen, die Kinder betreffend, lagen in den Händen der Mütter. Diese Bindung führte dazu, so kann ich es jedenfalls für meine Familie festmachen, dass auch in der schweren Nachkriegszeit und den darauf folgenden »besseren« Jahren, wir Kinder bei wichtigen Dingen zunächst die Mutter befragten. Für mich hatte das Wort Gleichberechtigung keine kämpferische Bedeutung. Die Frauen hatten längst die Berechtigung erbracht für einen geachteten Platz in der Gesellschaft.

Erstaunt musste ich dann zur Kenntnis nehmen, dass Frauen späterer Jahrgänge, die, Gott sei Dank, Kriegselend und Nachkriegssorgen nicht erleben mussten, Kampffelder der Gleichberechtigung fanden, die mich den Kopf schütteln ließen.

Dass wir bei weiblichen Wesen aus dem Meister eine Meisterin, dem Professor eine Professorin, dem Minister eine Ministerin usw. machen, ist selbstverständlich und bedurfte nicht erst des Einflusses von kämpferischen Frauenzeitschriften. Aber bitte nicht das absurde und aus Platzspargründen erfundene »MeisterIn«. Da sträubt sich sogar die Rechtschreibkontrolle meines Computers. Was aber soll emanzipatorisch sein, wenn das Pronomen (oder ist es ein Zahlwort?) »man« noch ein »frau« angepappt bekommt.

Ich kann auch nur hoffen, dass es ein Versprecher des Reporters, also eines Mannes war, als er bei der Frauenfußball-Weltmeisterschaft im Spiel Brasilien-Norwegen die Spielerin Rosena als die einzige Sturmspitzin bei Brasilien bezeichnete. Diese Sprach-Quotenmanie trägt wohl kaum zur besseren Gleichberechtigung bei. Sie führt höchstens zu dem letzten Q-Begriff im Duden: »quo vadis«?

RENTENNEBEL

Nachdem ich den Bescheid über eine Rentenerhöhung von 0,99 % verdaut hatte, stieß mir kurze Zeit später eine andere Nachricht sauer auf: die Diäten der Abgeordneten des deutschen Bundestages sollen bis 2013 um ca. 600 € steigen. Das sind, gemessen an den gegenwärtigen Bezügen, 3,8 %. Statistiken entnehme ich, dass die allgemeine Lohnsteigerung bei 4 % liege. Da fehlen mir aber drei Prozent. Denn die gesetzliche Regelung sieht vor, dass Rentenerhöhungen nach der Lohnentwicklung vorgenommen werden sollen. Zugrunde gelegt werden immer die Berechnungen des Vorjahres. Für 2010 käme man auf etwa 3 %. Bei solch einer Rentenerhöhung hätte man doch endlich mal kräftig anstoßen können und ein Gläschen für den regionalen MdB wäre auch noch drin gewesen.

Doch da gibt es noch das Kleingedruckte bei der Rentenberechnung, auf das ich von einem Kollegen hingewiesen werde. Zum Beispiel den Nachhaltigkeitsfaktor. Der setzt die sozialversicherungspflichtigen Beitragszahler ins Verhältnis zu den Rentnern. Für den genannten Zeitraum sind das 0,46 %. Die Errechnung des Nachhaltigkeitsfaktors ist für Otto Normalrentner kompliziert. Nach dieser Regelung dürfen die Renten nur steigen, wenn sich dadurch nicht der Beitragssatz erhöht. Steigt die Zahl der Beitragszahler stärker als die der Rentenbezieher, dann dürfen die Renten auch stärker steigen. Der Nachhaltigkeitsfaktor bewirkt obendrein, dass die Renten erheblich hinter der Lohnentwicklung und auch hinter der Inflation zurückbleiben. Das alles ist schwer verständlich und nebulös.

Auch wenn Walter Riester längst nicht mehr Minister für Arbeit und Sozialordnung ist, seine »Erfindungen« wirken nachhaltig. So geht auf ihn eine Regelung zurück, die die Rentenanteile jährlich absenkt und die liegen bei 64 %.

Wenn wir diese Zahlen von unserer gewünschten Renten-erhöhung von 3 % abziehen, kommen wir nur noch auf zwei Prozent.

Die Rechenaufgabe ist aber noch nicht beendet, denn wir haben ja pfiffige Politiker. Die fanden nämlich heraus, dass es in den vergangenen Jahren aufgrund der Lohnent-wicklung zu Rentenkürzungen hätte kommen müssen. Das verbietet aber das Gesetz. Diese Rentengarantie, sagte Ex-Finanzminister Peer Steinbrück (SPD), sei einer seiner schwersten Fehler gewesen. Rentenkürzung tabu, aber eine »Schuldabtragung« ist möglich. Die wird für dieses und nächstes Jahr mit jeweils 1 % verrechnet. Und siehe da, von den noch verbliebenen rund zwei Prozent wandert jetzt nur noch rund 1 % aufs Konto.

Jetzt aber nicht übermütig werden, denn es können ja weitere Kostensteigerungen auf uns zukommen. Und bei den angekündigten Steuererleichterungen werden die Rentner auch nicht ausdrücklich genannt. Aber die können ja wieder von der Entwicklung der Löhne und Gehälter profitieren. Gut, da wären dann wieder die abzuziehenden Nachhaltig-keitsfaktoren. Die sind ganz bestimmt sicher bei der Rente!

Ich spekuliere jetzt einmal. Im Jahre 2019 wird die Ren-tenberechnung in Deutschland gleich sein, denn dann könn-te unsere Kanzlerin in Altersrente gehen. Und die will doch nicht rund 18 % weniger Entgelt bekommen, nur weil sie Ossi ist. Und da vor dem Gesetz alle gleich sind, wird sie dafür eintreten, dass ihre Wähler auch in diesen Genuss kommen.

Da wird bestimmt was draus, denn Bundespräsident Jo-achim Gauck ist ja auch Ossi und wenn der eines Tages sei-nen Ehrensold in Empfang nimmt, was ja praktisch seine Rente ist, da kann doch nicht nach den Ostrentenpunkten verfahren werden. Schließlich gehören die Ostrentner auch zum deutschen Volk und dessen Nutzen wollen beide, ge-treu dem Amtseid, mehren und Gerechtigkeit gegen jeder-mann walten lassen.

Schätzen Sie mal

Im Deutschen Fernsehfunk gab es eine Sendung, die hieß »Schätzen Sie mal«.

(Allen, denen die Geschichte ihrer Brüder und Schwestern aus der »Zone« auch 23 Jahre nach der Wiedervereinigung noch völlig unbekannt ist, sei erklärt, dass das Fernsehen der DDR einstmals »Deutscher Fernsehfunk« hieß.)

»Schätzen Sie mal« war eine Ratesendung. Dieser Begriff wird Kids, Twens und Teenies möglicherweise nichts sagen, obwohl sie beim Deutschunterricht in der Schule mitunter mehr raten als wissen, wie was geschrieben wird. Ihnen ist der Begriff »Quiz« geläufiger.

In der Sendung musste z.B. geschätzt werden, wie viel Stacheln ein Igel hat oder wann und wie die Bügelfalte in die Hose kam. Der Moderator, der nach solchen Dingen fragte war Lutz Hoff, mit dem mich noch heute eine freundschaftliche Kollegialität verbindet. Mehr als früher, kann ich sagen. Sahen wir uns zu unserer aktiven Fernsehzeit sehr selten, treffen wir jetzt öfter aufeinander oder strapazieren die Telefonleitungen und Mailadressen. Ich finde es gut, wenn alte Kollegialität weiter Bestand hat. Und wenn Sie, verehrte Leserin und verehrter Leser, die Information bekommen, dass Lutz Hoff mit einem seiner Programme irgendwo in der Nähe ihres Wohnortes auftritt, gehen Sie hin und tragen Sie durch Lachen und Heiterkeit zu Ihrer Gesundheit bei, denn Lachen stärkt das Herz. Forscher erklären das damit, dass Optimisten Stress besser bewältigen als Pessimisten. Um es kurz zu machen, Humor kann Herzkrankheiten und Schlaganfällen vorbeugen.

Nicht jede Angelegenheit kann mit Humor genommen werden. Manchmal kommen einem auch die Tränen und das sind beileibe keine Freudentränen.

Im Jahre 1997 wurde die Ausstrahlung von »Schätzen Sie mal« durch den Mitteldeutschen Rundfunk eingestellt. Die Idee der Sendung jedoch scheinen andere Institutionen und amtliche Stellen aufgegriffen zu haben. Gewissermaßen nachnutzungsfrei. Immer mehr Bauvorhaben dauern länger oder werden teurer als geplant. Wobei eigentlich kaum von Planung die Rede sein kann. Es muss ja auch nicht geplant werden. Man sieht ja, wohin die Planwirtschaft in der DDR geführt hat. 1962 wurde in Berlin-Schönefeld nach mehrjährigem provisorischen Flugbetrieb ein Zentralflughafen eröffnet, dessen Bau dreieinhalb Jahre gedauert hat und planmäßig fertiggestellt wurde. Wenn man vergleicht, dass mit dem Bau des Flughafens Berlin Brandenburg »Willy Brandt« 2006 begonnen, die Fertigstellung und Inbetriebnahme mehrmals verschoben wurde und eine Eröffnung 2015 möglich erscheint, kann man erkennen, unter welchem Druck und Terror des Regimes die DDR-Bauarbeiter gestanden haben müssen. Deshalb – um Gottes Willen – keine Planung. Ist die nicht ganz zu umgehen, Baupläne etc. müssen eingereicht werden, Behörden wollen beschäftigt sein, dann darf die Planung nicht so eng gesehen, sollte variabel gestaltet werden. So wie bei der Hamburger Elbphilharmonie. Auch wenn der Architekt seine Planungen noch nicht abgeschlossen hatte, wurde schon mal grünes Licht für den Bauauftrag gegeben. Inzwischen werden die Kosten für den monumentalen Kulturbau mit 575 Millionen Euro angegeben. Von 77 Millionen war einst die Rede. Trotzdem, so war zu hören, würden die Verantwortlichen alles wieder so machen, wie es gemacht wurde. Klar, es ist ja nicht ihr Geld.

Der Leipziger Citytunnel, durch den der »Bayrische Bahnhof« schienenmäßig direkt mit dem Leipziger Hauptbahnhof verbunden wird, ist nicht unumstritten. Hier ist es auf den ersten Blick schwierig, die Kostenexplosion zu überschauen. Da Baubeginn 1998 war, kursierten für die

Baukosten noch Summen in DM. 1.118 Milliarden beispielsweise. Auch in Leipzig wurde mehrmals geprüft und
verworfen, Partner hofiert und fallen gelassen, die ange-
nommene Bauzeit von 5 Jahren wurde nicht gehalten und
so werden daraus wohl 15 Jahre. Inzwischen liegen Kosten
auch in Euro vor. Die Differenz zwischen Schätzung und
Realität dürfte zwischen 200 und 300 Millionen liegen.

Die Summe ist geradezu lächerlich gegenüber dem Kos-
tenroulette bei der BND-Zentrale in Berlin. Nachdem die
Schlapphüte schon bewiesen hatten, dass sie nicht auf ihre
Papiere aufpassen können, lieferten sie auch den Beweis
für mangelhafte Mathematikkenntnisse. Nicht nur, dass
auch dieser Bau ein Jahr später fertiggestellt wird, weil u.a.
unzureichende Lüftungsanlagen projektiert waren, schlagen nun die Kosten, einschließlich Umzug von Pullach
bei München nach Berlin, mit 1,3 Milliarden Euro auf den
Steuerzahler zurück. Ursprünglich war von 500 Millionen
die Rede.

Bei all den erwähnten und zahlreichen nicht genannten Pleiten und Pannen geht es nicht allein um Geldver-
schwendung und eine mögliche Täuschung der Öffentlichkeit, sondern auch um die Frage, wie viel Dummheit
begegnet uns auf Abgeordnetenbänken und in Wirtschaftsunternehmen. Selbst in Justizpalästen scheint sich
immer mehr Hirnvakuum breit zu machen. Eineinhalb
Jahre nachdem die NSU-Terrorzelle in Zwickau aufgeflo-
gen war, sollte am 17. April 2013 der Prozess gegen das
einzige noch lebende Mitglied, Beate Zschäpe, begin-
nen. Lange vor Prozessbeginn hatte es Proteste gegen die
Verteilung der Pressesitze während der Verhandlungen
gegeben. Türkische Pressevertreter hatten keine Akkre-
ditierung erhalten, weil sie sich zu spät angemeldet hätten, hieß es, und die Verteilung nach Anmeldungseingang
vorgenommen worden sei. Das musste Ärger geben. Und
das verständlicherweise. Die Opfer der Nazi-Terrorzelle

waren überwiegend Türken. Sollte eine Berichterstattung aus türkischer Sicht verhindert werden? Mit einem Versehen kann das nicht abgetan werden. Man könnte darin auch eine Absicht erkennen und ist verstimmt. Die deutsche Justitia hatte nicht nur die Binde vor den Augen, sie war blind und blöd dazu. Erst das Bundesverfassungsgericht musste das zuständige Oberlandesgericht dazu veranlassen, ein neues Akkreditierungsverfahren für die Presse einzuleiten. Das brachte eine Prozessverschiebung auf den 6. Mai mit sich. Bis zum Prozessbeginn wurden dann die Berichterstatterplätze ausgelost. Namhafte Presseorgane zogen Nieten, freiberufliche Journalisten, die für mehrere Zeitungen und Zeitschriften berichten sollten und schon vertraglich gebunden waren, sahen bei der Ziehung ebenfalls in die Röhre. Dafür zog »Brigitte« eines der großen Lose. Am Ende standen wieder Klagen.

Ich wage die Prognose, dass es im Prozessverlauf auch noch Unterbrechungen geben wird, wegen Formfehlern oder wie die juristischen Vokabeln dafür immer auch heißen mögen. Allerdings nehmen sich beide Seiten nicht viel, wenn es um Einwände zum Prozessverfahren geht. Halten Verteidiger Richter für befangen, wettert ein türkischer Politiker gegen Kreuze im Gerichtssaal und sieht dieses Symbol als eine Bedrohung für Nichtchristen. Nun kann man lange darüber debattieren, ob Kreuze etwas in Gerichtssälen zu suchen haben, verboten sind sie nicht. Religiöse Symbole hätten in einem Rechtsstaat nichts zu suchen, äußerte dieser Mann gegenüber einer Boulevardzeitung. Er ist Mitglied der türkischen Republikanischen Volkspartei, die Mitbestimmung und Meinungsfreiheit, Gewerkschaftsrechte und Ausgleich mit Minderheiten nicht für ihre vordringlichsten Ziele halten soll.

Bei der Lösung des Kurdenkonfliktes steht die Partei wohl einer militärischen Lösung näher als einer friedlichen. Prozessbeobachter sollten nicht unnütz Öl ins Feuer gießen und sich bewusst sein, dass trotz aller Zweifel daran, in deutschen Gerichtssälen die deutsche Rechtsordnung gilt.

Peinliche Pannen bei Gerichtsverfahren, Pleiten und Unvermögen bei staatlichen oder kommunalen Bauvorhaben. Juristen und Politiker können sich die Hand reichen.

Neulich war zu lesen, dass Abgeordnete keine von der Öffentlichkeit ewig debattierte und benörgelte Diätenerhöhung mehr haben möchten, sondern mit Richtern gleichgestellt sein wollen, deren Bezüge automatisch ohne Debatte erhöht werden. Die monetäre Parität fehlt noch, die des geistigen Niveaus scheint schon vorhanden.

Kaum ein Tag vergeht, an dem nicht neue Pleiten bekannt werden. So verweigern z.b. Geldautomaten ihre Dienstleistung, wenn ihnen einer der neuen 5-Euro-Scheine, die seit dem 2. Mai in Umlauf sind, eingeschoben wird. Die Automaten seien noch nicht umgestellt und könnten deshalb die neue Struktur der Scheine und auch das veränderte Gewicht nicht erkennen. Bleibt zu hoffen, dass umgestellte Automaten sowohl die neuen als auch die alten Scheine erkennen. Schätzen wir mal. Und es kündigt sich weiterer Ärger und weiteres Chaos an. Die EU macht sich schon Gedanken darüber, die Cent-Münzen abzuschaffen und für die Ein- und Zwei-Euro-Münzen Geldscheine einzuführen. Ein FDP-Politiker hat sich schon mal positiv dazu geäußert, vor allem, weil es das Trinkgeldzahlen einfacher mache. Da kann ich nicht ganz folgen. Ich würde verstehen, wenn die Abschaffung der Münzen damit begründet würde, dass man bei Geldscheinen nicht mehr hört, wie Politiker das Geld aus dem Fenster schmeißen.

Ist es verwunderlich, wenn ich annehme, dass »Schätzen Sie mal« in Ministerien und Amtsstuben fröhliche Urständ feiert? Allerdings nicht als heitere Unterhaltungssendung, sondern regierungsoffizielles Trauerspiel der Inkompetenz und Unfähigkeit.

Wie viele Akte werden noch geschrieben? Wie lange sitzt der deutsche Michel in seiner Wohlstandsloge und schaut zu, applaudiert womöglich noch?

Schätzen Sie mal!

STIMME AUS DEM JENSEITS

Mein einstiger Herrscher hat sich zu Wort gemeldet. Nicht, dass ich die Stimme von Honecker vernommen hätte. Schlimmer. Der Chef des früheren Herrscherhauses Wettin, Alexander Prinz von Sachsen, hat sich über seine ehemaligen Untertanen geäußert und kein gutes Haar an ihnen gelassen. Mecklenburg-Vorpommersche und Brandenburger Zeitgenossen bekommen gleich mit ihr Fett weg. Der geneigte Leser merkt schon, es geht wieder einmal um den »Osten«. Ich will noch anmerken, dass die Wettiner in einem Gebiet das Sagen hatten, das sich über Sachsen, Sachsen-Anhalt und Thüringen bis nach Bayern erstreckte. Wer es nicht wahrhaben möchte, sei an Sachsen-Coburg erinnert. Die Oberfranken sind von der Prinzenschelte ausgenommen. Die waren ja auch nicht jahrzehntelang eingesperrt, worauf nämlich der Chefwettiner die ruppige und unfreundliche Art der Ostdeutschen zurückführt, die darüber hinaus einiges dazu lernen könnten, was die Etikette betrifft. Es mangele uns ebenso an Dankbarkeit für die Hilfe nach der Wende. An anderer Stelle habe ich schon einmal die 773 Milliarden DM erwähnt, die der Westen dem Osten an Reparationen schuldet. Mit dem Geld hätte sich der Osten auch gut selbst helfen können. Dann allerdings wäre Herren wie Prinz Alexander keine Möglichkeit geboten worden, sich als Ansiedlungsbeauftragte in Sachsen zu betätigen. Vielleicht rührt daher die beklagte gewisse Überheblichkeit und der Glaube der Ostdeutschen, man könne alles besser machen. Das Blaublut lebt gegenwärtig in Mexiko, könne sich aber vorstellen, wieder nach Sachsen zu kommen. Da kann ich in Abwandlung der Äußerung einer seiner Vorfahren nur sagen: Mir machen unsern Dregg alleene!

TEURE FREUNDE

Als der große Bruder Sowjetunion noch in der Lage war, seinen Verbündeten finanziell und materiell großzügig unter die Arme zu greifen, soll bei einem Treffen der Staatsoberhäupter sozialistischer Länder, der sowjetische Regierungschef die Teilnehmer bewusst und doppeldeutig als *teure* Genossen angesprochen haben. Diesem Beispiel könnte Bundeskanzlerin Angela Merkel getrost folgen, wenn sie im Juni US-Präsident Barack Obama in Berlin begrüßt. Am 18. und 19. Juni 2013 soll der Arbeitsbesuch stattfinden, quasi ein Zwischenstopp in Europa, bevor Obama zum G8-Gipfel nach Nordirland weiter reist. Es ist Obamas zweiter Besuch in der deutschen Hauptstadt, wenngleich es sein erster als US-Präsident ist. Sein Berlintrip wird sogleich mit einem historischen Datum in Verbindung gebracht: am 26. Juni 1963 kam John F. Kennedy in die geteilte Stadt, um den Bewohnern kundzutun, dass er ein Berliner sei. 1,5 Millionen Menschen hatten sich damals vor dem Schöneberger Rathaus versammelt.

Nun kommt einer seiner Nachfolger. Als Anhängsel etwa 3 000 Agenten des Sicherheitsdienstes, die Tag und Nacht nicht von seiner Seite weichen. Es können durchaus bis zu 40 Autos sein, die von den USA nach Deutschland gebracht werden, damit sein Mitarbeiter- und Journalistengefolge sicher durch die Hauptstadtstraßen kutschiert werden kann. Die Routen sollen allerdings bis zum letzten Augenblick geheim gehalten werden genau wie das Hotel, in dem der Gast wohnen wird. Doch es dürfte ein Leichtes sein herauszufinden, auf welchen Strecken sich der Präsident bewegen wird. Nur einfach mal genau hinschauen, wo Gullideckel verplombt werden und die Protokollstrecke ist entlarvt.

Ein wenig erinnert mich das an den G8-Gipfel 2007 im Ostseebad Heiligendamm, ca. 15 km von Rostock entfernt. Da gab es Verbotszonen, die mit Stacheldraht umzäunt waren, Versammlungsverbote, über die Jahre danach das Urteil verfassungswidrig erging. Der Flugverkehr war teilweise untersagt und das umliegende Seegebiet komplett gesperrt. 16 000 Polizisten und 1 100 Soldaten sollen im Einsatz gewesen sein.

Mit 92 Millionen Euro soll der Aufwand veranschlagt worden sein. Nach dem Gipfel wären 30 Millionen dazu addiert worden, hieß es in regionalen Medien. Nun, solche Summen muss der Kassenwart der Kanzlerin wohl nicht der Staatsschatulle entnehmen, ein Schnäppchen wird Obamas Besuch nicht.

Auch im Ostteil Berlins waren die Einwohner Besuche hoher Staatsmänner gewohnt. Billig waren die sicherlich auch nicht. Doch der Steuerzahler bekam für sein Geld etwas geboten. Er durfte, aufgerufen dazu von den Medien, an der Protokollstrecke stehen und mit Fähnchen und anderen Wink-Elementen, dem Gast und dem eigenen »verhassten« Staatsoberhaupt zuwinken und zujubeln. Zugegeben, unter den Jublern befanden sich auch in »Präsent 20«-Anzüge gepackte Mitarbeiter aus Mielkes Überwachungsarmee. Nicht selten fuhren Gast und Gastgeber im offenen Wagen an den Spalieren von Werktätigen, Schülern, Studenten, FDJlern und Jungen Pionieren vorbei, begleitet von dutzenden von Kameras für die Direktübertragung im Fernsehen. Der kubanische Staatspräsident Fidel Castro soll regelmäßig für Herzrasen und Schweißausbrüche beim Protokollchef und anderen für die Organisation Verantwortlichen gesorgt haben, indem er die Kolonne anhalten ließ und sich unter die am Straßenrand Stehenden mischte. Die Anwohner an der Fahrtstrecke durften aus ihren Fenstern schauen, jubeln oder auch nicht.

In seinem Feuilleton »Bei uns in Pankow« schreibt der Schriftsteller und Journalist Heinz Knobloch:

»Also, wenn Sie in Ihrer Zeitung lesen, wer diese Woche zum Staatsbesuch eingetroffen ist, dann sehen Sie uns (oder unsere Kinder) Spalier stehen; es ist die Protokollstrecke, wir leben fast immer unter Fahnen und unter den mit einem hohen Besuch verbundenen Verkehrsbeeinträchtigungen. Er kündigt sich bereits frühmorgens dadurch an, dass in der Grünanlage unterschiedliche junge Männer auf den Bänken sitzen und die gleiche Sorte Wurstbrote verzehren.

Wer promoviert mit dem Thema »Über die Wirkung von Staatsbesuchen auf das hauptstädtische Geschlechtsleben«; denn immer, wenn ein hoher Gast im Schlosse (Niederschönhausen) nächtigt, steht eine vielfache Anzahl von Pärchen in den nahegelegenen Haustüren, ohne aber sich den landesüblichen Zärtlichkeiten hinzugeben, was einen ahnungslosen Zuschauer zu irritierten Schlussfolgerungen veranlassen könnte.«

So ist das in Diktaturen und Unrechtsregimen. Da werden die Untertanen zum Jubel gepresst. In einer freiheitlichen Demokratie dagegen müssen Staatsoberhäupter vor der Liebe des Volkes geschützt werden. Trotzdem: so ein Staatsbesuch schweißt zusammen – auch das letzte Loch.

TOMMI UND DUMMY

Manchmal, so erfahre ich durch die Werbung für einen TV-Sender, muss ein Mann sehen, was ein Mann sehen muss! Suggeriert wird mir das durch eine Stimme, die wie der synchronisierte John Wayne klingen soll, mich trotzdem im Unklaren lässt, was denn ein Mann unbedingt sehen muss und ich Angst bekomme, von John Wayne nach Westernart erschossen zu werden, wenn ich nicht sehe, was ich sehen müsse. So schalte ich zu den Sendungen, die ich sehen will.

»Wetten, dass«-Flüchtling Gottschalk hat seine vorabendliche Serie. Während andere Sender der öffentlich-rechtlichen Fernsehlandschaft Verjüngungen vornehmen, wird dem TV-Urgestein ein würdiger »Live«-Platz seines Namens eingeräumt. Andere Urgesteine haben wohl das falsche Geburtsland und verschwinden sang- und klanglos von der Bildfläche. Die lassen doch eh bloß Nostalgie aufkommen.

Ich tue mir »Gottschalk live« an, weil ich wissen will, ob ich dem Meister Unrecht getan habe, als die werbemäßig aufgemachten Ankündigungen für diese Sendung Zweifel bei mir aufkommen ließen, ob das denn ein geeignetes Format für den Showmaster sei. Nun kann ich nur Familienmitglieder und Freunde als Zeugen vorladen, die bestätigen können, dass ich von Anfang an geahnt habe, dass der Quotenkönig mit dieser Sendung Schiffbruch erleiden wird. Der Klugscheißer bleibt trotzdem an mir hängen. Dabei war es nur Berufserfahrung, die meine Skepsis hervorrief. Inzwischen wurde die Sendung ja abgesetzt. Auch das verkündete Gottschalk innerhalb seiner vierzig Minuten Sendezeit, bedauerte, dass die Zuschauer die Idee der Sendung nicht angenommen hätten, er wolle aber ohne Gejammer die Bühne verlassen. Dieses Versprechen hielt er nicht. In einer Sendung beklagte er mehrmals seinen Abgang. Der Gedanke, dass er mit dem Format überfordert war, kam ihm bei aller Larmoyanz nicht. Das Elend, das er freiwillig, mit einem Vorschusslorbeerkranz auf dem Haupt, auf sich nahm, das nun undankbarer und vielleicht auch ungerechterweise mit seinem Namen verbunden bleibt, hat ein Ende. Die Drohung, zur eintausendsten Sendung mit Katarina Witt einen Joint zu rauchen, wird nicht mehr Realität.

Als die Abrissbirne für die Sendung schon in Stellung gebracht war, gab sich Gottschalk die Chance für eine Eigenlobsendung, in der er einen Rückblick auf 52 Sendungen hielt und dabei die Großartigkeit der Gäste und seiner Sendung betonte.

Es gibt für mich keinen Zweifel, dass Gottschalk »Wetten dass« zu einer Sendung gemacht hat, die schwer ohne ihn vorstellbar ist. Es war seine Sendung. Der Anzug, den er hinterlässt, den individuellen modischen Stil einmal außer Acht gelassen, mag zu groß oder zu klein für einen Nachfolger ausfallen, die Nähte müssen aufgetrennt werden. So oder so. Jeder Moderator wird es schwer haben, weil er zunächst an Gottschalk gemessen, mit ihm verglichen wird. Das ist sicherlich unfair dem Neuen gegenüber, aber so sind wir Zuschauer nun einmal: »Bei Gottschalk wäre das anders gelaufen! Das wäre ihm nie passiert.«, mäkeln wir. So hätte ich Thomas Gottschalk gern in Erinnerung behalten. Doch der Flop »Gottschalk Live« ist keine Schande und ein Fernsehweltuntergang gleich gar nicht. Wo gehobelt wird, fallen Späne, wer nicht wagt, der nicht gewinnt. Wie viel weniger Erfahrung hätten wir, wenn neben großen Erfolgen nicht auch immer wieder Niederlagen gewesen wären.

Haben die Menschen um Gottschalk keine Warnsignale gespürt und wenn, warum nicht weitergegeben? Hatte keiner der Verantwortlichen des Senders je Zweifel, dass der »Wetten, dass«-König das neue Format stemmen könne? Eine Königskrone wiegt schwer. Als die Sendung schon dem Quotentief zuraste, versuchte man mit Studiogästen die Situation zu retten. Wer sollte denn dann noch vor den Bildschirmen sitzen? Hatte man Gottschalk damit die letzten Zuschauer genommen? Gott sei Dank blieb das Gerede von einer Co-Moderation ein Gerücht. Auf der Titanic soll die Musikkapelle gespielt haben, bis ihr und den Passagieren das Wasser bis zum Halse stand. Gottschalks Kapelle beim Zusammenstoß mit dem medialen Eisberg soll nun aus den einfachen Leuten bestehen, die er zum Gespräch lädt. Nach eigenen Aussagen wolle er damit dem Auftrag der öffentlich-rechtlichen Sender nachkommen, den Stimmlosen eine Stimme, den Willenlosen einen Willen zu geben. Der rote Teppich trieft vor Schmalz.

Die letzte Sendung »Gottschalk live« soll am 7. Juni 2012 über den Bildschirm flimmern. Ein gottesfürchtiger Termin − Fronleichnam. Zufällig oder absichtlich für den Protagonisten gewählt? An diesem Pranger- und Blutstag ist Beweihräucherung üblich, werden Blumen gestreut, Salutschüsse abgefeuert und Fürbitten gehalten.

Entstehung und Niedergang von »Gottschalk Live« nähren bei mir die Vermutung, dass Programmverantwortliche mit gesunder Ahnungslosigkeit ausgestattet waren, als sie Gottschalk für den Vorabend verpflichteten. Ihr Blick war auf einen angesehenen Moderator gerichtet, der plötzlich »zu haben« war und dessen bisherige Quote darauf wartete, übernommen zu werden auf dass die Werbeeinnahmen steigen können, koste es, was es wolle. Die Rechnung ging nicht auf.

Nunmehr, nach dieser Niederlage, könnte die Fernsehlichtgestalt Gottschalk aus dem Scheinwerferlicht heraustreten, vielleicht ein wenig seine Wunden lecken oder lecken lassen, keinesfalls jedoch nach einem oder zwei Jahren, wie schon gehabt, zu »Wetten, dass« zurückkehren. Vielleicht schreibt er seine Erinnerungen auf. Geschichten über das Fernsehen. Fernsehgeschichte hat er schon geschrieben!

Wer jetzt kopfschüttelnd den Verdacht hegt, ich würde mir Sorgen um Herrn Gottschalks Zukunft und Wohlergehen machen, dem sei gesagt, beileibe nicht. Es ist mehr eine generelle Bangigkeit, die mich befällt, wenn ich sehe, wie sorglos Fernsehverantwortliche mit erfolgreichen Talenten umspringen.

Das Abendprogramm auf allen Kanälen bestimmt mehr oder weniger eine Handvoll Moderatoren bzw. Moderatorinnen. Wird eine neue Sendung eingeführt, dann schickt man einen von ihnen ins Gefecht. Kaum mal ein neues Gesicht. Zunächst scheint das für beide Seiten gut zu sein: erprobte Damen und Herren betreten die Bühne, ihnen muss nicht lange erklärt werden, wie das Geschehen abläuft. Denen wiederum kann Vielbeschäftigung nur recht sein, füllt es doch das Bankkonto. Da kann man nur hoffen, dass sparsam mit dem verdienten Geld umgegangen wird, damit am Ende der Fahnenstange noch genügend Zehrgeld vorhanden ist, für die womöglich kommenden dürren Zeiten. Und die werden kommen. Dann machen die einstigen Stars möglicherweise wieder Schlagzeilen. Diesmal mit ihrer Armut. Irgendwann hat sich der Zuschauer auch die schönste Nase krumm geschaut: »nee, nicht der schon wieder. Ich getrau mir ja schon keine Konservendose mehr aufzumachen, vor Angst der XY kommt 'raus.« Ja, allzuviel zerreißt den Sack. Jetzt kommt die alles beherrschende Quote ins Spiel. Wenn die nicht stimmt, ist das Todesurteil nicht weit. XY muss gehen! Wer kommt jetzt? Wo ist der Nachwuchs? Möglicherweise ist der vorhanden, hat aber keine Erfahrung, denn er wurde ja nicht behutsam an größere Aufgaben herangeführt. Die Sendeplätze waren von den Platzhirschen besetzt. Es kann gut gehen, wenn der Eleve ins kalte Wasser geworfen wird. Er kann aber auch fürchterlich baden gehen. Und während er bibbernd am

Ufer steht, warten dort, in trockene Tücher gehüllt, die, die das Urteil über ihn fällen. Das muss noch nicht das Ende sein. Es lässt sich aber schon erahnen. Jurymitglied kann man werden bei Superstar und Supertalent oder beim Promidinner die Henkersmahlzeit auftischen. Und »9Live«, den Sender gibt's nicht mehr! Jetzt wartet der Dschungel.

VERFASSUNGSFEINDE

Der Bundesnachrichtendienst überwacht Personen, Vereinigungen, Gruppierungen, Parteien etc., die im Verdacht stehen, der Bundesrepublik Deutschland gegenüber unlautere Absichten zu hegen und die sich gegen das Grundgesetz stellen.

In der täglichen Nachrichtenflut finden sich immer wieder Meldungen, aus denen hervorgeht, dass der Bundesgerichtshof Gesetze der Bundesregierung kassiert hat, weil sie nicht verfassungskonform, also verfassungsfeindlich sind. Je nach Wichtigkeit werden die Meldungen als Randnotiz gehandelt oder mit riesigen Schlagzeilen versehen, wie die gesetzliche Regelung der Sicherungsverwahrung gefährlicher Straftäter. Sie entspräche nicht europäischem Recht und müsse verfassungskonform gestaltet werden.

Weniger spektakulär wurde die automatische Erfassung von Autokennzeichen in den Ländern Hessen und Schleswig-Holstein vermeldet. Das änderte nichts an der Tatsache, dass diese Maßnahmen mit der Verfassung nicht vereinbar waren.

Den Weg in den verfassungsfeindlichen Mülleimer nahm auch die Bemessung der Regelsätze, die die Höhe der pauschalen, monatlichen Hilfe zum Lebensunterhalt regelt. Durchaus keine Kleinigkeit für die Betroffenen.

Auch der Griff in die Taschen der einfachen Männer und Frauen bei der Berechnung der Pendlerpauschale erst ab dem 21. Kilometer musste durch das Verfassungsgericht gestoppt werden. Verfassungswidrig lautete das Urteil.

Es war sicherlich nicht nur dem Wahlkampf geschuldet, dass der Vorsitzende der FDP-Fraktion im Bundestag, Rainer Brüderle, mit der Wahrheit herausrückte und den Haushalt der rot-grünen Koalition in Nordrhein-Westfalen als verfassungswidrig entlarvte.

Wenn ich bedenke, dass etwa die Hälfte der Minister im Bundeskabinett Jura studiert hat, kann ich das Inkrafttreten verfassungswidriger Gesetze und Regelungen nur als den Versuch werten, auszuloten, wie weit man gehen kann. Das heißt: Wir bescheißen das Volk erst einmal, bis es etwas merkt. Rückwirkende finanzielle Wiedergutmachung findet in den meisten Fällen nicht statt.

Verfassungswidrigkeit wird auch nicht dadurch gemildert, dass darüber gesprochen und geurteilt werden kann.

WAHLGESCHWÄTZ

Wenn ich in diesen Tagen durch Berlin gehe, schauen mich viele Gesichter an, die ich kaum oder gar nicht kenne. Es sind Wahlplakate. Auf einigen haben sich zusätzlich politische Gegner, Randalierer oder Schmierfinken verewigt. Geistlos. Bewiesen durch ein Plakat, auf dem durchgestrichen wurde, was auch von diesem »Anstreicher« dringend benötigt wird: Bildung.

In diesem Jahr sind 22 Parteien, Vereinigungen oder Bündnisse zur Wahl für das Berliner Abgeordnetenhaus zugelassen. Die Wahl ist vergleichbar mit einer Landtagswahl. Berlin zählt zu den drei Stadtstaaten neben Hamburg und Bremen/Bremerhaven, die als Bundesländer einzuordnen sind.

Die Postulate auf den Wahlplakaten erwecken den Eindruck, dass jede Partei nur das Beste für mich will und jede es auf alle Fälle besser könne als alle anderen. Eine Gute-Nacht-Geschichte für Erstwähler, für Urnengänger mit Erfahrungen in unterschiedlichen Wahlsystemen taugen die Slogans nicht. Die Reden gleich gar nicht, in denen es von Versprechungen nur so wimmelt.

Auf den Internetseiten der Parteien findet man Termine von Kundgebungen und Rundgängen der Kandidaten in der Öffentlichkeit. Im Schein eines Spitzenkandidaten sonnt sich dann zumeist noch ein Hoffnungsträger aus dem besuchten Kiez. Die Spitzenkandidaten dürfen zusätzlich im Fernsehen gegeneinander antreten. Duelle werden solche Dispute genannt, wobei man sicher sein kann, dass es dabei keine schwerwiegenden Verletzungen geben wird, selbst wenn solche Treffen martialisch als Elefantenrunden benannt werden. Die Medien wollen, mehr als je zuvor, mit Superlativen auf sich aufmerksam machen. Selbstverständlich lässt sich Kandidat A nicht die Möglichkeit nehmen,

Kandidat B Versäumnisse der Vergangenheit vorzuwerfen, und dass dies und das mit ihnen nicht zu machen sei. Kandidat B kontert in ähnlicher Weise, bekräftigt sein ›überhaupt nicht‹ und ›ganz und gar erfunden, das gehe an der Wahrheit vorbei‹ und so weiter und so fort. Im Großen und Ganzen wird diplomatisch formuliert, nur aus Versehen kommt eine Attacke einer Beleidigung gleich. Seit die Parteien kaum noch absolute Mehrheiten erreichen, bleiben sie auf Schmusekurs mit möglichen Koalitionspartnern. Die dienen nach der Wahl auch als Ausrede, wenn Wahlversprechen nicht eingehalten werden; man habe Zugeständnisse an den Koalitionspartner machen müssen. Aber der Wähler habe es ja so gewollt, wie die Wahlergebnisse ausweisen. Und ein Parteivorsitzender hat nach der Wahl sogar einmal offen zugegeben, dass man die Worte im Wahlkampf doch nicht so auf die Goldwaage legen solle.

Eine Lachnummer ist für mich nach der Wahl, wie Verlierer ihre Niederlage begründen. Man habe die Message möglicherweise nicht richtig rübergebracht und sei von den Wählern nicht verstanden worden. Schlicht und einfach gesagt, die Wähler sind zu blöd. Das erinnert mich immer an die Worte Bertolt Brechts, dass das Volk das Vertrauen der Regierung verscherzt hätte und es da wohl besser wäre, wenn die Regierung das Volk auflöste und sich ein anderes wählte. Vielleicht sind aber die meisten Wähler zu schlau und nur einige so naiv, die Wortbrecher immer wieder zu wählen. 1990 konnte man seine Wählerschaft um nahezu 17 Millionen erneuern. Die scheinen aber auch nicht mehr wie gewünscht zu funktionieren, weinen immer noch der Diktatur nach, sind eigentlich noch gar nicht reif für die Demokratie.

Wahlprogramme hin und her, die dienen nur zum Stimmenfang. In Wirklichkeit geht es den Parteien nur um die Macht zur Durchsetzung ihrer Interessen, die nicht zwangsläufig die Interessen des Volkes sein müssen. Wie oft habe ich erlebt, dass Vorschläge der Partei A von Partei B abgelehnt wurden. Später greift Partei B den A-Vorschlag auf, der nun von Partei A abgelehnt wird. Wer will da behaupten, dass es nur um die Sache gehe.

So hat der Wähler ständig seine Qual mit der Wahl. Wen soll ich wählen, wenn die Wahlprogramme doch nicht eingehalten werden, soll ich überhaupt noch zur Wahl gehen. Nicht zur Wahl zu gehen, heißt es, sei keine Alternative. Der Nichtwähler wähle nämlich indirekt trotzdem und zwar die Falschen. Also, seit ich wählen gehe, hat sich hinterher immer herausgestellt, dass ich die Falschen gewählt habe.

Nun wird gerade uns aus der DDR vorgehalten, dass es mit der Wahlpflicht zu Ende sei und wir nun aber die Pflicht hätten, das demokratische Wahlrecht wahrzunehmen. Nun, die Wortführer dieser Demokratietiraden sollten sich doch einmal fragen, warum unsere Regierung beim Wahlrecht die Demokratie mit Füßen tritt, sogar eine verfassungsfeindliche Haltung an den Tag legt. Als Beispiel nenne ich die »Zweitstimme«. Ich weiß aus meinem Bekannten- und Verwandtenkreis, dass keiner so richtig etwas damit anfangen kann. Ich versuche das auch nicht zu erklären. Es würde mir wahrscheinlich nicht gelingen, ich könnte nur nachsagen, was jeder im Internet selbst lesen kann. Mir geht es darum, dass durch diese Zweitstimmenregelung, laut einem Urteil des Bundesverfassungsgerichts, das bestehende Wahlrecht verfassungswidrig ist und Grundsätze der Gleichheit und Unmittelbarkeit der Wahl verletzt werden. Das Urteil wurde im Juli 2008 gefällt und gab der Bundesregierung bis Juni 2011 Gelegenheit, die angesprochenen Missstände zu beheben. Passiert ist gleich null. Wir werden es doch nicht mit einer verfassungsfeindlichen Regierung zu tun haben? Doch der Verfassungsschutz muss nicht eingreifen. An dem Urteil kann jeder sehen, dass der Rechtsstaat schon selbst darauf achtet, dass alles mit rechten Dingen zugeht. Es dauert manchmal halt ein bisschen länger. Wie viele Wahlen sind dank dieses »negativen Stimmengewichts« schon gewonnen worden? Laut Statistik soll es unter den Mitgliedern des Bundestages 143 Juristen geben. Absolvent der Jurisprudenz ist die Hälfte der Minister im Kabinett Merkel. Und von denen ist keinem aufgefallen, dass hier etwas nicht verfassungsgemäß abläuft? Immerhin gibt es die Zweitstimmenregelung seit 1953! Nicht jeder ist ein Experte auf dem Gebiet des Verfassungsrechts. Aber als Abgeordneter und Jurist sollte man sich schon damit auskennen, was nicht zum Wohle des Volkes ist.

Wenn ich demnächst meine Kreuzchen auf den Wahlscheinen mache, immer noch mit Erst- und Zweitstimme – obwohl vom Bundesverfassungsgericht untersagt – beteilige ich mich da an einer verfassungsfeindlichen Aktion?

Was heißt beteiligen; mit meinen Steuergeldern wird ja das Ganze auch noch finanziert. Stichwort Parteienfinanzierung. Danach erhalten die Parteien u.a. staatliche Mittel, also Steuergelder, entsprechend der bei Wahlen erzielten Stimmen. Früher hieß das mal Wahlkampfkostenerstattung und kam der Sache so näher. Auch hier kennt Vater Staat keine Skrupel, diese Summen ständig zu erhöhen. Man kennt das ja von den Diäten. Betrug 2011 die staatliche Parteienbeihilfe 141,9 Millionen, schlägt sie 2012 mit 150,8 Millionen zu Buche. Es wäre doch interessant, wie ein Wahlredner das Hartz-IV-Empfängern deutlich machen will, wo doch an allen Ecken und Enden gespart werden muss.

Längst sind die Parteien zu Wirtschaftsunternehmen geworden, mit eigenen Unternehmen und Beteiligungen, mit Einnahmen aus Veranstaltungen und eigenem Vertrieb. Wer nicht nur die Wahlprogramme liest, die nach der Wahl Makulatur sind, sondern auch das Geflecht von Parteien- und Politikfinanzierung recherchiert, weiß, warum er zur Wahl gehen soll: der Wähler spült Geld in die Parteikasse!

1992 wählte die Gesellschaft für Deutsche Sprache den Begriff »Politikverdrossenheit« zum Wort des Jahres. Inzwischen weiß man, dass damit mehr eine Politiker-Verdrossenheit gemeint ist.

Politisch interessiert ist der Bürger durchaus. Ihm missfällt jedoch, wie ungeniert sich Politiker über Regeln des gesellschaftlichen Zusammenlebens hinwegsetzen und sie missachten. Er ist es leid, die Staatselite ständig negativ in den Schlagzeilen zu finden mit falschen Doktortiteln, Schmiergeldaffären, Weibergeschichten, Korruptionsvorwürfen oder Bereicherung.

In einem ihrer Songs sang Hildegard Knef:

> *Wenn's dem Esel zu gut geht,*
> *dann trabt er aufs Eis,*
> *um zu tanzen, wie jeder weiß*
> *und er wiehert und trampelt*
> *und dreht sich im Kreis,*
> *sucht Applaus um jeden Preis;*
> *und er dreht Pirouetten,*
> *weiß sich kaum zu retten,*
> *glaubt richtig wichtig zu sein:*
> *wenn's dem Esel zu gut geht,*
> *dann trabt er aufs Eis;*
> *ja und dann, dann bricht er ein.*

Wenn es nicht so ernst wäre

Die erste Krimireihe im Deutschen Fernsehfunk hieß »Blaulicht«. Der Name hielt nicht lange, wurde in »Polizeiruf 110« umgewandelt. Das tat der Beliebtheit keinen Abbruch und noch heute füllen dritte Programme mit dieser kostenlosen sozialistischen Erbschaft Sendelücken. Einem geschenkten Gaul schaut man nicht ins Maul. Da wird in Kauf genommen, dass es in den Serien von »Genossen« nur so wimmelt. Zur Not könnten es auch SPD-Genossen sein.

Der Fernseherfolg von »Blaulicht« bescherte dem Drehstab Anerkennung und Lorbeer im wahrsten Sinne des Wortes. Die Intendanz des Deutschen Fernsehfunks zeichnete nämlich erfolgreiche Sendungen und Fernsehpersönlichkeiten mit dem betriebseigenen goldenen, silbernen oder bronzenen Lorbeer aus, mit dem auch eine Gratifikation verbunden war. Eingedenk der Tatsache, dass auch im Sozialismus der Mensch nur ein Mensch ist und auch bei ihm Auszeichnungen und Beliebtheit bei den Zuschauern zu Höhenflügen führen können, war auf dem an einem Lorbeerzweig hängenden Bildschirm aus Meißner Porzellan die Warnung eingraviert: »Sei stolz auf mich, doch denke dran, dass Lorbeer auch verwelken kann!«

Die Auszeichnung war fast immer mit einer kleinen Feier verbunden, auf der sich gern Unbeteiligte im Glanze des Ruhmes sonnten. Als die Blaulichtkriminalisten nach ihrer Fete den Heimweg antreten wollten, suchten sie vergeblich nach dem »Goldenen Lorbeer«. Zunächst glaubten alle, einer von ihnen mache sich einen Jux und wolle den Spürsinn der Serienkripo und der als Gäste geladenen echten Kriminalisten prüfen. Allein, wie oft der Tatort auf den Kopf gestellt wurde, der Lorbeer blieb verschwunden. Bis zum heutigen Tag, soviel ich weiß. Natürlich machte der Vorfall die Runde und gab genug Anlass zu hämischen Bemerkungen zu dem einzigen, nicht aufgeklärten »Blaulichtfall«.

Ebenfalls völlig ahnungslos steht in der Gegenwart der BND da, der Bundesnachrichtendienst. Man hat ihm Baupläne geklaut für den Neubau seiner Zentrale in der Berliner Chausseestraße. Alles nicht so schlimm, beteuerte BND-Präsident Ernst Uhrlau auf einer Pressekonferenz, nachdem, wie er es nennt, »etwas abgeflossen sei.« Da es sich um Baupläne eines Nebengebäudes handeln soll, die »Süddeutsche Zeitung« spricht vom Nordbau, in dem BND-Mitarbeiter ihre Autos abstellen werden, sieht Uhrlau im Moment nicht, dass hochbrisantes Material den Weg an fremde Empfänger gefunden habe. Er sehe auch keinen Grund für Bauänderungen und Zusatzkosten.

Wenn diese Äußerung mal nicht ein Fehler war. Dokumente brisant oder nicht. Dass überhaupt etwas von einem so abgeschirmten Bauplatz verschwinden kann, ist peinlich genug. Anderen Nachrichten entnehme ich, dass es sich um Baupläne für die Energiezentrale handeln soll. Wie auch immer. Die geklauten Pläne könnten wunderbar für Bauänderungen herhalten und Begründungen für höhere Kosten liefern, die sich eh schon vermehrt haben, wie die Karnickel auf der einstigen Stadionbrache in Mauernähe. 500 Millionen waren für den Neubau veranschlagt worden. Am Ende sollen es 1,5 Milliarden sein.

Wie ist das denn möglich? Können die Planer nicht rechnen? Oder gehört das zum Schutz sensibler Informationen, von denen Präsident Uhrlau auf der BND-Homepage den Erfolg des Dienstes abhängig macht und eine umfassende Transparenz deshalb nicht möglich sei?

Vielleicht liegen die Baupläne auch in einer Schreibtischschublade in Pullach und die Mitarbeiter dort lachen sich halb tot über die peinlichen Schlapphüte im ehemaligen Ostberlin, die neue Abteilung »Fremde Heere Ost«, mit deren Originalausgabe der faschistischen Wehrmacht BND-

Gründer Gehlen 1956 SS-, SD- und Gestapo-Offizieren eine neue Identität im Bundesnachrichtendienst besorgte. Das Bekanntwerden dieser Tatsachen war eine der ersten großen Affären des Nachrichtendienstes.

Ein ehemaliger SS-Obersturmführer lief zum sowjetischen KGB über. Danach wurden 1965 einundsiebzig BND-Mitarbeiter, die an nationalsozialistischen Gewaltdelikten beteiligt waren, in aller Stille aus dem Dienst gedrängt.

Initiiert vom BND wurde auch der Plutonium-Schmuggel von Moskau nach München 1995.

Und die Aufdeckung einer Journalistenüberwachung von 1993 - 1998 gehört ebenfalls zu den nicht transparenten Aktionen des Bundesnachrichtendienstes.

Gegenwärtig versucht der Bundesbeauftragte für die Stasiunterlagen krampfhaft ein paar stasibelastete Mitarbeiter loszuwerden und in anderen Behörden unterzubringen. Die könnten doch an der Suche nach den verschwundenen Bauplänen beteiligt werden. Die Stasi hat immer was gefunden, wie ein alter DDR-Witz beweist:

»Eine Lehrerin klagt ihrem Mann, einem Mitarbeiter des MfS, dass in ihrer Klasse keiner sagen wollte, wer das »Kapital« geschrieben habe. Der Ehemann tröstet sie und teilt ihr am nächsten Abend mit, dass sie sich keine Sorgen mehr zu machen brauche, sie hätten einen Mann festgenommen und der hätte schon gestanden, das »Kapital« geschrieben zu haben.

ZEITUNGSSCHAU

Ich will nicht sagen, dass es ein immer wiederkehrendes, unumstößliches Ritual ist. Wenn ich es jedoch zeitlich einrichten kann, kaufe ich mir nach dem Frühstück mindestens eine Tageszeitung und mache mich in aller Ruhe an die Lektüre. Im Laufe des Tages ergänze ich mein Informationsbedürfnis durch Rundfunknachrichten. Das Fernsehen gesellt sich an den meisten Tagen erst abends dazu; es sei denn aktuelle Geschehnisse erfordern, auch bildlich auf dem Laufenden zu bleiben. Das ist ausreichend für mich. Doppeldeutig könnte ich auch sagen, das reicht! Der einst größere Informationshunger ist auf Diät gesetzt, genauso pensioniert wie ich selbst. Ich will mich auch nicht mehr so viel aufregen, brauche Kraft und Nerven für andere Dinge. Ich bin auch nicht scharf auf eine Couch beim Psychiater, um Depressionen vorzubeugen, obwohl ich mir bei manchen Meldungen die Frage stelle, wer einen Dachschaden hat: ich oder die Verursacher von Nachrichten.

Vermehrt stelle ich fest, dass bei einigen Politikern, sowohl im kommunalen Bereich als auch bundesverantwortlich, statt eines Kopfes eine Abrissbirne auf dem Hals sitzt. Da steht einem Bundesminister das Marx-Engels-Denkmal im Wege und soll aus dem Stadtzentrum auf einen Friedhof verbannt werden. Ein politischer Akt, weil die beiden Philosophen, die gegenwärtige Systemkrise schon vor 145 Jahren vorausgesagt haben? Oder ist es nur Neid, weil an diesen Minister ganz sicher kein Denkmal erinnern wird, wenn sich überhaupt jemand an ihn erinnern will. Allerdings, er ist ein Bayer – und bei denen weiß man ja nie!

Abriss! Diese Form des politischen Ikonoklasmus kennen wir ja schon vom Abriss des Palastes der Republik. Man kann das auch als Kulturvandalismus sehen. Marx und Engels will man nicht in unmittelbarer Nähe des Hohenzollernschlosses haben, das wieder aufgebaut werden soll. Nur aus Spendengeldern, wie es zunächst hieß. Dann wurde die Idee geboren, dass die Hauptstadt ein Humboldt-Forum brauche und schon wurden Steuergelder für neuen Glanz und Gloria Preußens locker gemacht. Doch das Bauvorhaben gerät immer mal wieder in Verzug, als wolle Friedrich der Große seine Einstellung zu den Langen Kerls seines Vater, als Urteil zum Schloss wiederholen: »Unnütz, kosten nur einen Haufen Geld!« Übrigens, auch der Islam, der ja nach präsidialen Äußerungen zu Deutschland gehören soll, hat in der Bilderstürmerei eine lange Tradition.

Eine weitere Meldung ergänzt das Bestreben der Bilderstürmer: das Thälmann-Denkmal im Berliner Ortsteil Prenzlauer Berg soll teuren Immobilien weichen. Mag man zu Thälmann stehen wie man will, eines sollte im Gedächtnis bleiben: er war Antifaschist und wurde von den Nazis im Konzentrationslager ermordet. Er war aktiver Hitlergegner wie die Attentäter vom 20. Juli 1944, derer ehrend gedacht wird. Thälmann war von Anfang an gegen die Nazis. Die Helden von 1944 führten mit ihnen erst einmal einen Vernichtungskrieg.

Die Irrungen und Wirrungen stecken oft in den Kurzmeldungen an den Zeitungsrändern. Einer von ihnen entnehme ich, dass der bayrische Finanzminister Adolf Hitlers »Mein Kampf« für den Schulunterricht aufbereiten lassen möchte. Wissenschaftler sollen in Kommentaren das gefährliche Gedankengut der Hetzschrift interpretieren. Das dann aber bitte in einer Buchbeilage, damit der »Mein Kampf«-Leser nicht ständig zwischen den Zeilen in seiner nationalistischen gedanklichen Freiheit durch Nazimiesmacher gestört wird. Der Führer will mit Grabesruhe genossen sein.

Die Idee, »Das Kapital« von Karl Marx in dieser expliziten Form für den Schulunterricht zu editieren, ist offenbar noch niemandem gekommen. Warum auch. Das ist ja ein

»Roter«. Und in Deutschland gilt wahrscheinlich immer noch »lieber tot als rot.« Dann kämpft mal schön, bis alles in Scherben fällt!

Fast zwei Seiten widmet eine Zeitung dem Fakt, dass die deutsche Hauptstadt vermüllt. Nicht vorm Reichstag und dem Bundeskanzleramt, dort wird für Sauberkeit gesorgt. Innenmüll geht direkt an die Medien.

Des Volkes Wohngebiete verdrecken, weil es die Stadtreinigung nicht mehr schafft und das Geld für mehr Reinigungspersonal fehlt. Allerorten sieht man Bürger, die selbst zu Besen und Schaufel greifen, an ihrer Seite Vertreter kommunaler Behörden, wie Ordnungs- und Grünflächenämter, Stadträte zeigen sich gleichgesinnt in ihrem Kiez und packen mit an. Organisatoren der Aktion erklären, dass es nicht allein darum gehe, den Müll zu entfernen sondern auch darum, das Bewusstsein für den Kiez zu schärfen und ihn gar nicht erst verdrecken zu lassen. Auch die Politiker wollen Vorbild für die Leute sein und sie anregen, selber etwas zu tun. Sie sollen mitmachen!

Mach mit! Die Losung kenne ich. »Schöner unsere Städte und Gemeinden.« Die »Goldene Hausnummer«. Die Bürger der DDR setzten mit solchen Aktionen fort, was einst mit dem Nationalen Aufbauwerk direkt nach dem Kriege begann. Organisiert wurden die Reinigungs- und Verschönerungsaktionen von der Nationalen Front in den Wohngebieten in enger Zusammenarbeit mit den Kommunalen Wohnungsverwaltungen und den Genossenschaften. Ziel war die Verbesserung und Verschönerung des Wohnumfeldes. Auch hier waren die Gründe für die Bürgerinitiative oft knappe Kassen. So manches Prestigeobjekt verbrauchte zu viel. Die organisierten Bürger halfen aus der Patsche. Nicht, dass das immer mit Begeisterung geschah. Doch in den meisten Fällen waren die Einsätze, »Subbotniks« genannt, schweißtreibende, gesellige Aktionen, bei denen sich die Bewohner näher kamen und am Ende die »Goldene Hausnummer« lockte, eine Auszeichnung für besonders fleißige Hausgemeinschaften. Manchmal sprang sogar etwas Nützliches für den Hausgemeinschaftskeller heraus, in dem die Hausbewohner gemeinsame Feten ausrichteten oder auch Geburtstage gefeiert werden konnten. Vereinzelt sind solche Einrichtungen noch heute anzutreffen. Die meisten »Goldenen Hausnummern« vielen Instandhaltungsarbeiten zum Opfer. Doch in meiner Nachbarschaft künden nach wie vor liebevoll angelegte Vorgärten an den Plattenbauten von der verinnerlichten Mach-mit-Idee. Es war also nicht der Zwang, ein verordnetes Muss, was die Menschen mitmachen ließ. Die Mieten waren niedrig, Betriebskosten gab es kaum. Viele Dienstleistungen, für die die Bürger heutzutage zu Schaufel, Harke und Besen greifen sollen, bezahlen sie schon durch Steuern oder mit den Betriebskosten. Was ich bezahle, soll ich jetzt auch noch selbst verrichten? Na, dann verdreckt eben alles, wir haben kein Geld, so könnte das Fazit der Zuständigen lauten. Das kann die Lösung nicht sein. Mach mit ist schon der richtige Ansatz – ein kleiner Bonus wäre trotzdem einer Überlegung wert.

In besagter Zeitung, die von der Reinemachaktion der Berliner berichtete, wurde die Besorgnis geäußert, dass sich die fleißigen Saubermänner, -frauen und -kinder beim Aufsammeln von Unrat gefährden könnten.

In den 40 Jahren DDR-Mach-mit-Wettbewerb ist mir kein Fall bekannt geworden, bei dem der Griff zu Besen und Schaufel zu bleibenden Schäden geführt hätte. Also dann: »Macht mit – macht's nach – macht's besser!«

Soll noch mal einer sagen, die gelernten DDR-Bürger schwelgten in Nostalgie. Natürlich werden Erinnerungen wach, wenn Politiker der heutigen Zeit glauben, etwas ganz Neues entdeckt zu haben.

Ich beginne mit der Ostalgie.

Ende der 1950er Jahre saßen in wichtigen Positionen von Politik, Wirtschaft und Kultur junge, studierte Kader, die nicht, wie ihre Väter, direkt von der Werkbank auf die Bürostühle gekommen waren. Damit sie die Verbindung zur Arbeiterklasse nicht verlieren, wissen, was an der Basis gespielt wird, wurden diese jungen Intellektuellen in regionale Betriebe geschickt. Ich arbeitete damals im Rundfunk und ging zweimal für je vier Wochen durch die Werktore der Elektro-Apparate-Werke Treptow bzw. von Stern-Radio Weißensee. Qualifizierte Arbeiten konnte ich, wie die meisten von uns, nicht verrichten. Damals notwendige, wenn auch stupide Hilfsarbeiten, ließen einen Achtstundentag länger erscheinen. Tag für Tag sortierte ich Schrauben, Muttern und andere kleine Einbauteile. Bei Sternradio landete ich an der Stanze. Da blieb ich hellwach. Denn trotz Schutzvorrichtungen drohte Gefahr für die Hände. Die Angst saß mit am vorübergehenden Arbeitsplatz. Zu viele Stanzer und Sägewerksarbeiter hatte ich schon gesehen, die mit vier Fingern fünf Bier bestellten. Doch wir sortierten und stanzten nicht nur. Es galt Eindrücke zu sammeln und Ideen zu gewinnen, wie wir Journalisten, die heroischen Produktionstaten der Werktätigen in den Rundfunksendungen wiederspiegeln. In dieser Zeit hat sich bei mir der Respekt erneuert für die Menschen, die die Werte schaffen, von denen wir alle leben.

Jetzt hat ein Minister des Landes Brandenburg entdeckt, dass er in der Sommerpause des Landtages jedes Jahr zum Arbeitseinsatz gehen sollte, damit er weiß, wie es denen »da unten« geht und ob sie auch die Landespolitik verstünden. Also, ran an die Basis. Wie gesagt, das habe ich alles schon erlebt. Ja klar, das hat heute natürlich ganz andere Inhalte.

Ich hätte da noch einen Vorschlag:

Es gab nämlich in der DDR noch eine andere Form der Arbeit in der Produktion. Nicht nur unliebsame Intellektuelle, Parteikader oder politisch unbequeme Zeitgenossen wurden in die Produktion geschickt, in den meisten Fällen war die Schwerindustrie gemeint, nein, auch wer in seinem Arbeitsbereich zu leichtfertig mit den ihm anvertrauten Gütern und Finanzen umgegangen war, durfte sich in der Produktion bewähren und von den Werktätigen erziehen lassen.

Der Bundesrechnungshof deckt doch ständig Verschwendungen in Millionenhöhe auf. Mir ist noch nicht bekannt geworden, dass je einer zur Rechenschaft gezogen wurde. Im Grunde genommen ist damit die Existenz des Rechnungshofes schon rausgeschmissenes Geld.

Und was muss ich jüngst von bösen Bundesministerien lesen? Die Flugbereitschaft der Bundeswehr, beheimatet in Köln-Wahn, hat in den letzten zehn Jahren für reine Leerflüge von Köln nach Berlin beziehungsweise von Berlin nach Köln über 19 Millionen Euro verpulvert. Durch den Berliner »Kurier« erhalte ich Einblick in eine Aufstellung des Verteidigungsministeriums. Als Beispiel wird die Verfahrensweise bei einer Auslandsreise der Bundeskanzlerin genannt. Dafür fliegt ein Airbus A 340 von Köln nach Berlin-Tegel. Leer. Auf dem Rückflug wird Angela Merkel mit ihrem Anhang wieder an der Spree abgesetzt und der Airbus fliegt nach Köln zurück. Ebenfalls leer. Dafür werden dem Staatssäckel 17 866 € entnommen.

Bis 2016 soll die Verschwendung weitergehen, weil erst dann – und das steht ja auch noch in den Sternen – in Schönefeld die komplette Infrastruktur für einen Umzug der Flugbereitschaft zur Verfügung stünde.

Natürlich! In Deutschland wird ja nur mit kompletten Infrastrukturen gearbeitet.

Bewährung in der Produktion. Komplett. Das wär doch mal 'ne Lösung.

SCHLUSSNACHRICHT

Ich muss mich zu einem Redaktionsschluss zwingen. Die Gedanken zur täglichen Nachrichtenflut ohne Schlussstrich aufzuschreiben, käme einer Veröffentlichung postmortem gleich.

Machte ich mir die Mühe, Nachrichten zu archivieren, um sie mit aktuelleren Informationen zu vergleichen, z.B. die Wirtschafts- und Finanzkrise betreffend, meine Verwirrung würde ungeahnte Ausmaße annehmen. Jeden Tag wird eine neue Sau durchs Dorf getrieben. Die unglaubwürdigen Inhalte wollen mir nicht in den Kopf. Menschen in meinem Umfeld ergeht es nicht anders. Wie viel von den Tiraden glauben die jeweiligen Verkünder selbst? Oder sind sie eher solche, die im dunklen Wald aus Angst laut singen? Eine Doktrin bestimmt Melodie und Text. Es kann nicht sein, was nicht sein soll. Dass Ochs und Esel einen Lauf nicht aufhalten können, diesem Irrtum ist schon so mancher erlegen.

Mit Unfähigkeit, Unmoral und Asozialität scheinen Parlamentssitze belegt. Hin und wieder greint das Volk, der »dumme Michel«, doch es bleibt alles wie es ist.

Was soll denn auch kommen, nach unserer freiheitlichen, demokratischen Bundesrepublik? Doch nicht etwa so was wie die DDR?! Davor bewahre uns, wer auch immer. Dieses sozialistische Menetekel lähmt Zukunftsvisionen, ist die Sperre in den Gedankengängen für eine friedliche, soziale Gesellschaft, in der der erarbeitete Reichtum gerecht verteilt ist.

Träume weiter, sagen Freunde und Bekannte.

Wir können aber auch daran arbeiten – brüderlich mit Herz und Hand.